SV

Thomas Nagel

Moralische Gefühle, moralische Wirklichkeit, moralischer Fortschritt

Aus dem Amerikanischen
von Karin Wördemann

Suhrkamp

Die Originalausgabe erschien 2023 unter dem Titel
Moral Feelings, Moral Reality, and Moral Progress bei
Oxford University Press.

Erste Auflage 2024
Deutsche Erstausgabe

Umschlaggestaltung: Hermann Michels und Regina Göllner
Satz: Satz-Offizin Hümmer GmbH, Waldbüttelbrunn
Druck: Pustet, Regensburg
Printed in Germany
ISBN 978-3-518-58828-4

Suhrkamp Verlag AG
Torstraße 44, 10119 Berlin
info@suhrkamp.de
www.suhrkamp.de

Inhalt

Vorwort

Dieses kurze Buch enthält zwei Aufsätze, die thematisch zusammenhängen und Fragen behandeln, die mich schon geraume Zeit beschäftigt haben. Am Anfang des ersten Aufsatzes, »Bauchgefühl und moralisches Wissen«, stand ursprünglich eine Dewey Lecture an der Harvard Law School im Jahr 2015. Gegen Ende dieser Vorlesung machte ich einige Bemerkungen über moralischen Fortschritt. Unter den Zuhörern befand sich auch T.M. Scanlon, der anschließend in der Diskussion eine Frage zu der von mir angeführten Idee stellte, was in mir den Gedanken weckte, dass ich mehr darüber sagen müsste. Das Ergebnis war dann der Aufsatz »Moralische Realität und moralischer Fortschritt«, mein Beitrag zu einem Symposium, dessen Anlass die Vergabe des Lauener Prize an Scanlon im Jahr 2016 war. 2018 trug ich beim NYU Kolloquium zur Rechtsphilosophie, politischen Philosophie und Sozialphilosophie, das von Samuel Scheffler und Jeremy Waldron geleitet wurde, eine umfassend erweiterte Behandlung des Themas vor. Eine weitere Fassung hielt ich 2019 als Jerusalem Lecture in Moral Philosophy an der Hebrew University. Bei all diesen Anlässen gab es Kommentare und Kritik, für die ich mich hier bedanke.

Beide Aufsätze befassen sich mit der Theorie moralischer Erkenntnis und mit den Mitteln unseres Zugangs zur moralischen Wahrheit; beide beschäftigen sich mit dem moralischen Realismus und mit dem Widerstand gegen subjektivistische und reduktionistische Ansätze zur Moral; und in beiden geht es um die historische Entwicklung moralischer Erkenntnis. Der zweite Aufsatz schlägt zudem einen Ansatz zur historischen Entwicklung moralischer Wahrheit vor, dem zufolge sie mit der naturwissenschaftlichen Wahrheit nicht deren Zeitlosigkeit teilt. Das verhält sich deshalb so, weil moralische Wahrheit auf Gründen beruhen muss, die für all jene Individuen, für die sie gelten, zugänglich sein müssen, und eine solche Zugänglichkeit hängt von historischen Entwicklungen ab. Die Folge ist, dass nur einige Fortschritte in der moralischen Erkenntnis Entdeckungen dessen sind, was immer schon wahr gewesen ist.

Der erste Aufsatz wurde am 3. Juni 2021 in der *London Review of Books* veröffentlicht. Der zweite war bisher unveröffentlicht, lediglich die vorausgegangene, kürzere Version anlässlich der Vergabe des Lauener Prize erschien in: Markus Stepanians und Michael Frauchiger (Hg.), *Reason, Justification, and Contractualism. Themes from Scanlon*, Berlin u. Boston: De Gruyter 2021.

T.N.

New York im Oktober 2022

I

Bauchgefühle und moralisches Wissen

1.

Der Philosoph Stuart Hampshire diente während des Zweiten Weltkriegs beim britischen Militärgeheimdienst. Als wir an der Princeton University Kollegen waren, erzählte er mir von folgendem Vorfall, der sich kurz nach der Landung der Alliierten in der Normandie ereignet haben muss. Die französischen Résistancekämpfer hatten einen wichtigen Kollaborateur gefangen genommen, von dem man annahm, er verfüge über Informationen, die den Alliierten nützlich sein könnten. Hampshire wurde zu ihm geschickt, um ihn zu verhören. Als er dort eintraf, teilte ihm der Leiter dieser Einheit der Résistance mit, er könne den Mann gern verhören, aber wenn das erledigt wäre, würden sie ihn erschießen: Das würden sie mit diesen Leuten immer machen. Dann ließ er Hampshire mit dem Gefangenen allein. Der Mann sagte Hampshire sofort, er würde keinerlei Aussagen machen, es sei denn, Hampshire würde ihm eine Überstellung an die Briten garantieren. Hampshire antwortete ihm, eine solche Garantie könne er ihm nicht geben. Der Mann verschaffte ihm also keine Informationen, bevor er von den Franzosen erschossen wurde.

Ein anderer Philosoph, dem ich diese Geschichte erzählte, bemerkte trocken, dies zeige nur, dass Hampshire eine sehr schlechte Wahl für diese Aufgabe gewesen sei. Aber ich erzähle das hier nicht, um festzustellen, ob Hampshire das Richtige tat, als er es unterließ, den Gefangenen unter diesen Umständen zu belügen. Ich möchte vielmehr ein lebensnahes Beispiel für die Stärke eines bestimmten Typs der unmittelbaren moralischen Reaktion geben. Denn selbst diejenigen, die der Meinung sind, dass Hampshire diesem Mann, der den sicheren Tod vor Augen hatte, aus gewichtigen instrumentellen Gründen ein falsches Versprechen auf dessen Überleben hätte geben sollen, können die Stärke der Schranke nachempfinden, mit der Hampshire konfrontiert war. Es ist ein Beispiel für die Art von moralischer Spontanreaktion, die in der neueren Literatur zur empirischen Moralpsychologie eine wichtige Rolle spielt. Ich vermute, wenn man zu diesem Zeitpunkt einen Gehirnscan bei Hampshire gemacht hätte, wäre eine erhöhte Aktivität im ventro-medialen präfrontalen Cortex sichtbar geworden.

Man hat viel intellektuelle Mühe darauf verwandt, die schützenden Grenzen zu beschreiben, von denen Menschen umgeben sind, Grenzen, von denen uns die gewöhnliche Moral sagt, wir dürften sie nicht überschreiten. Normalerweise sind die Beispiele, die unsere Intuitionen hervorrufen sollen, künstlicher angelegt als das eben geschilderte – wie in dem berühmten Trolley-Problem. Doch das Phänomen ist real und gehört unausweichlich zur menschlichen Moral. Mich interessiert nun die Frage, wie man entscheidet, welche Autorität diesen moralischen Urteilen oder Wahrnehmungen oder Intuitionen einzuräumen ist – welche Denkungsart kann uns dazu veranlassen, sie entweder als richtig und grundlegend zu bejahen oder uns von ihnen zu lösen, so dass wir sie als bloße Äußerlichkeiten ohne praktische Gültigkeit betrachten; oder welche Denkungsart wird uns vielleicht auch von diesen Urteilen abrücken lassen, ihnen jedoch einen gewissen Einfluss in unserem Leben zugestehen, der aber nicht grundlegend ist und sich von anderen Werten ableitet. Dieses Problem ist schon eine ganze Weile gesehen worden, und vieles von dem, was ich dazu sage, wird bekannt sein. Die neuere Diskussion legt allerdings einen ganz anderen Blick nahe.

Es handelt sich hier um eine Frage der moralischen Epistemologie – nicht um eine erkenntnistheoretische Frage der Art, wie sie sich stellt, wenn wir überlegen, wie wir auf eine generelle Skepsis hinsichtlich der Moral oder der Werte reagieren sollen, sondern um eine epistemologische Frage, die dem moralischen Denken innewohnt. Es gibt eine altehrwürdige Tradition des Skeptizismus zu der Frage, ob irgendwelche moralischen Urteile oder die Intuitionen, die sie stützen, als richtig oder unrichtig betrachtet werden können anstatt bloß als Gefühle einer besonderen Art, die wir in der Sprache der Moral ausdrücken. Ich beabsichtige hier nicht, in diese umfangreiche Debatte einzusteigen. Ich werde vielmehr mit der Annahme fortfahren, dass es sinnvoll ist, herausfinden zu wollen, was wirklich richtig und falsch ist, und dass moralische Intuitionen einen *prima facie* Anhaltspunkt für diese Untersuchung liefern. Das Problem, das ich diskutieren möchte, entsteht, weil es für einige unserer stärksten Intuitionen verschiedene mögliche Erklärungen gibt, und zwar sowohl moralische als auch kausale Erklärungen, die im Fall ihrer Richtigkeit den Anspruch dieser Intuitionen auf maßgebliche Autorität untergraben würden – den Anspruch nämlich, dass diese Überzeugungen als Wahrnehmungen der moralischen Wahrheit für bare Münze genommen werden sollten. Infragestellungen dieser Art stellen uns vor die Aufgabe, eine Möglichkeit zu finden, uns so zu verhalten, wie es mit dem besten Verständnis unserer selbst von außen betrachtet im Einklang steht – als biologische, psychologische, soziale oder geschichtliche Produkte.

Die Frage hat große rechtliche und politische Bedeutung, weil viele Rechte und Schutzbestimmungen für das Individuum in liberalen konstitutionellen Regierungssystemen, die der Ausübung kollektiver Macht entgegenstehen, zunächst wie intuitive Grenzen dieses Typs erscheinen. Religionsfreiheit, Freiheit des Denkens und Redens, Vereinigungsfreiheit, sexuelle und reproduktive Freiheit, Schutz der Privatsphäre, Verbot von Folter und grausamer Bestrafung werden allesamt von einem unmittelbaren Gefühl dafür getragen und teils identifiziert, wie Menschen behandelt und nicht behandelt werden sollten, ein Zwang, der Kosten-Nutzen-Kalkülen vorausgeht.

Auch wenn es möglich ist, mehr oder weniger plausible konsequentialistische Rechtfertigungen für strikte gesetzliche Vorschriften zu konstruieren, die solche Schutzrechte verkörpern – Rechtfertigungen unter dem Gesichtspunkt der langfristigen Kosten und Nutzen –, ist das nicht der moralische Aspekt, unter dem diese sich selbst unmittelbar zeigen. Die Verletzung eines individuellen Rechts ist offenbar an sich falsch und nicht lediglich als die Überschreitung einer gesellschaftlich wertvollen, strengen allgemeinen Regel falsch. Die Frage ist, ob dies nicht eine Täuschung ist – eine natürliche Illusion, die in unserer moralischen Psychologie vorgesehen ist. Obwohl Hampshires unüberschreitbare Grenze im Zusammenhang mit einer individuellen Entscheidung auftrat, wird sie ähnlich wie jene Grenze empfunden, die den Staat daran hindert, Folter anzuwenden, um Informationen abzupressen, selbst wenn sie sich gegen seine Feinde richtet und aus Gründen der nationalen Sicherheit erfolgt. Und wie wir in jüngster Zeit gesehen haben, ist die Schranke gegen Folter keineswegs unangefochten.

2.

Ich habe große Sympathie für den klassischen Intuitionisten W. D. Ross, wenn er sagt: »Und wenn man uns auffordert, unser faktisches Erfassen des Richtigen und Falschen auf Geheiß einer Theorie aufzugeben, dann scheint das so zu sein, als würde man die Leute dazu auffordern, ihre faktische Erfahrung des Schönen auf Geheiß einer Theorie zu verleugnen, die besagt: ›Schön genannt werden kann nur, was diese oder jene Bedingungen erfüllt‹.«[1] Dennoch ist es wohl unvermeidlich, sich in Reaktion auf die tiefsitzenden Meinungsverschiedenheiten, die im Zusammenhang mit diesem Gegenstand wiederholt auftauchen, in die Theorie hineinzubegeben.

John Rawls gab dem Prozess, mit dem man seine moralischen Gedanken ordnet, indem man allgemeine Grundsätze an wohlerwogenen Urteilen im Hinblick auf bestimmte Fälle prüft und beide einander angleicht, bis sie mehr oder weniger gut zusammenpassen, die Bezeichnung »Überlegungs-Gleichgewicht«.[2] Von diesem Prozess werden bestimmte Urteile nicht wie Gegebenheiten behandelt, die unumstößlich sind, noch werden allgemeine Grundsätze wie selbstverständliche Axiome behandelt, so dass er nicht konservativ sein muss: Er kann durchaus zur radikalen Neufassung einiger wohlerwogener Urteile führen, mit denen der Prozess einsetzt. Aber er muss intuitive Werturteile zum Ausgangspunkt nehmen, und um manche jener Urteile als fehlerhaft aufzugeben, muss er sich auf andere verlas-

1 William David Ross, *The Right and the Good*, Oxford: Oxford University Press 1930, S. 40; dt. *Das Richtige und das Gute*, Hamburg: Felix Meiner 2020, S. 58.

2 John Rawls, *Eine Theorie der Gerechtigkeit*, Frankfurt/M.: Suhrkamp 1979, S. 38.

sen – gerade so, wie wir uns auf Belege der Wahrnehmung verlassen müssen, wenn wir manche wahrgenommenen Erscheinungen als Täuschungen verwerfen. Ich denke, es gibt keine Alternative zu dieser Methode, Antworten auf moralische Fragen zu suchen, bei der wir trotz Meinungsverschiedenheiten etwas Vertrauen wahren können.

Der Prozess ist zwar strukturell ähnlich wie derjenige, empirische Hypothesen in den Natur- oder Sozialwissenschaften an Beobachtungsbelegen zu prüfen, aber es gibt einen entscheidenden Unterschied. In dem wissenschaftlichen Fall verstehen wir unsere Wahrnehmungsbeobachtungen als das Resultat einer kausalen Interaktion mit der Welt, die wir untersuchen. Obwohl wir das Geist-Körper-Problem noch nicht gelöst haben und nicht verstehen, wie das Gehirn die bewusste Erfahrung herstellt, haben wir eine grobe Vorstellung von uns als Organismus, der kausal in die Welt eingebettet ist, deren Bestandteile und Gesetze wir zu entdecken versuchen. Wie die Dinge vom Gesichtspunkt unserer Wahrnehmung zu sein scheinen, liefert deshalb eindeutig Daten für eine solche Untersuchung. Im Fall der Moral fassen wir jedoch unsere bewertenden Intuitionen nicht als das Resultat kausaler Interaktion mit dem Gegenstandsbereich der Moral auf, und es ist nicht klar, welche andere Art der Einbettung oder des Zugangs zu moralischer Wahrheit das moralische Urteil beinhalten könnte.

Das moralische Urteil hat dies, wie oft festgestellt

wird, mit dem logischen und dem mathematischen Urteil gemeinsam, die ebenfalls nicht das Ergebnis unserer kausalen Interaktion mit dem Gegenstandsbereich der Logik oder der Mathematik sind. Wissen, das rein durch Denken erlangt wird, ist rätselhaft. Ich werde aber die umfassende und schwierige Frage, wie dies möglich ist, beiseitelassen und mich auf speziellere Fragen konzentrieren.

Hier seien zunächst die bekannten Merkmale des gewöhnlichen moralischen Denkens genannt, die zu unserem Problem führen. Wir beurteilen viele verschiedene Arten von Dingen, doch wirklich wichtig unter diesen sind die Zustände oder Ergebnisse einerseits und Handlungen oder Vorgehensweisen andererseits. Um Zustände zu beurteilen, verwenden wir die Begriffe des Guten und des Schlechten, des Besseren und des Schlechteren. Um Handlungen zu beurteilen, verwenden wir zusätzlich die Begriffe richtig und falsch. Das klassische Problem besteht darin, ob es einen unabhängigen Aspekt der Moral gibt, der über die Richtigkeit und Falschheit von Taten und Vorgehensweisen – entweder von Individuen oder von Institutionen – entscheidet, oder ob die einzig wahren grundlegenden Werte gut und schlecht sind, so dass die Maßstäbe des Richtigen und des Falschen instrumentell erklärt werden müssen, indem man die Typen von Handlungen und Vorgehensweisen ermittelt, die zu guten und schlechten Ergebnissen führen. Die letztgenannte Möglichkeit erhielt von Elizabeth Anscombe die Bezeichnung »Konsequentialismus«,[3] und dessen bekannteste Version ist der Utilitarismus. Die gegenteilige Auffassung, wonach das Richtige zumindest in einigen Hinsichten vom Guten unabhängig ist, hat keine Bezeichnung, doch die Grundsätze, die sie bestimmt, werden normalerweise »deontologisch« genannt – ein unschönes Wort, aber wir werden es wohl nicht mehr loswerden. Die deontologischen Grundprinzipien besagen, ob ein Tun moralisch erlaubt, verboten oder geboten ist, hänge oft gar nicht davon ab, wie gut oder schlecht dessen Konsequenzen im Ganzen seien; vielmehr hänge es von den intrinsischen Merkmalen des Tuns selbst ab. In einem Fall wie dem von Hampshire spricht das Kalkül wahrscheinlicher Konsequenzen klar dafür, den Gefangenen zu belügen. Wenn es also dennoch falsch sein sollte, das zu tun, müsste es aus irgendeinem anderen Grund so sein.

Die Koexistenz dieser beiden Typen der Beurteilung im alltäglichen moralischen Denken und Diskurs ist der Ausgangspunkt für eine moralische Reflexion, die uns zu einem neuen Gleichgewicht führen könnte. Wenn wir sowohl die Konsequenzen als auch die Deontologie als Richtschnur für unser Verhalten ernst neh-

3 »Modern Moral Philosophy«, in: *Philosophy* 33 (1958), wiederabgedruckt in: G. E. M. Anscombe, *Ethics, Religion and Politics. Collected Philosophical Papers*, Band III, Minneapolis: University of Minnesota Press 1981, S. 36; dt. »Die Moralphilosophie der Moderne«, in: G. E. M. Anscombe, *Aufsätze*, hg. von Katharina Nieswandt, Berlin: Suhrkamp 2014.

men, werden sie uns natürlich oft mit dem Gefühl eines Dilemmas konfrontieren. Sobald ein deontologisches Verbot – gegen das Töten von Unschuldigen, gegen den Bruch eines Versprechens, gegen Verrat – eine Handlung blockiert, die ein größeres Übel verhindern oder einen großen Nutzen bringen würde, werden wir wahrscheinlich immer noch die Stärke des Grundes, das Gute zu fördern, verspüren, wodurch man versucht ist, das Verbot zu missachten. Ich glaube, das Gefühl eines moralischen Konflikts entsteht in diesen Fällen auf natürliche Weise und ist nicht bloß ein philosophisch erzeugtes Konstrukt.

Eine mögliche Antwort auf ein solches Dilemma besteht einfach darin, die konsequentialistischen Gründe als maßgeblich aufzufassen und zu entscheiden, dass sie sich über die deontologische Intuition hinwegsetzen sollten, die als eine Form moralischer Zimperlichkeit oder als ein unbegründetes Tabu ausgelegt wird. Doch ohne jede weitere Erklärung würde diese rein konsequentialistische Antwort willkürlich sein. Das Problem tritt auf, weil wir beide Typen moralischer Intuition haben, und wenn wir den einen Typ den anderen verdrängen lassen, könnte das ebenso gut die andere Richtung nehmen: Wir könnten entscheiden, dass der Grundsatz, man solle immer das tun, was insgesamt die besten Konsequenzen haben wird, aufgrund der offenkundigen Unzulässigkeit, bestimmte Mittel wie die Folter einzusetzen, um gute Ziele zu erreichen, erwiesenermaßen falsch ist. Die Schlussfolgerung wäre dann, dass es eine

Illusion ist, immer die guten und die schlechten Ergebnisse bestimmen zu lassen, was richtig und was falsch ist, vielleicht eine Illusion im Hinblick auf das, was von der Rationalität verlangt wird.

Spielt man die Intuitionen lediglich gegeneinander aus, führt das in eine Sackgasse. Um entscheiden zu können, welcher von ihnen wir Glauben schenken wollen und welche – falls überhaupt irgendeine – wir verwerfen wollen, müssen wir mehr tun. Wir müssen das Für und Wider für jede Seite des Dilemmas bedenken – also sowohl wie man diese Typen von Urteilen am vorteilhaftesten versteht als auch wie man ihre Autorität am überzeugendsten untergräbt.

Auf der positiven Seite ist es am einfachsten, die Bedeutung konsequentialistischer Werte zu erklären, wie beispielsweise beim Utilitarismus. Jeder von uns hat direkten Zugang zum Guten oder Schlechten bestimmter Dinge im eigenen Leben wie etwa bei Freude und Schmerz, Freiheit und Zwang, Überleben und Tod. Sobald wir das entscheidende Urteil akzeptieren, dass derartige Dinge objektiv gut und schlecht sind, erlaubt uns die Vorstellungskraft, diese Werte auf ähnliche Charakteristika im Leben anderer auszuweiten. Es scheint keinen Grund zu geben, eine bestimmte Quantität an Freude oder Schmerz in Abhängigkeit davon, wer sie erlebt, unterschiedlich zu gewichten. Die naheliegende Art und Weise, den Wert von zwei Zuständen zu vergleichen, besteht also darin, das Gute oder das Schlechte im Leben all jener, die betroffen sind, zu addieren und dann festzustellen, welches von beiden die höhere Nettobilanz aufweist. Das ist dann derjenige Zustand, den wir vorziehen und, wenn möglich, herbeiführen sollten. Das Gute ist dem Schlechten vorzuziehen und das Bessere ist dem Schlechteren vorzuziehen. Ob sie nun korrekt sind oder nicht, konsequentialistische Werturteile haben nichts Rätselhaftes an sich.

Die positive Interpretation deontologischer Werte ist weniger durchschaubar, doch ich glaube, wir können ihnen einen eindeutigen Sinn geben. Wenn wir in dieser Weise darüber nachdenken, wie man andere wertschätzen kann, dann ist es ihr Status als von uns unabhängige, autonome Wesen, der dafür von zentraler Bedeutung ist, nicht ihre Empfänglichkeit für Freude und Schmerz oder für andere gute oder schlechte Dinge, die ihnen passieren könnten. Deontologische Anforderungen regeln unsere direkte Interaktion mit jeder anderen Person; sie bestimmen, wie wir sie behandeln dürfen, anstatt vorzugeben, was wir im Sinne der Person wollen sollten. Genau wie bei den konsequentialistischen Werten ist dies die Ausweitung eines Wertes, dessen Bedeutung wir in unserem eigenen Fall erkennen können, auf jeden anderen. Der Grundgedanke dabei ist, dass wir jede Person, uns selbst eingeschlossen, gegenüber der Unterwerfung durch andere als geschützt betrachten müssen – das Zentrum einer moralisch geschützten Sphäre individueller Autonomie, die jeder Person gleichermaßen gewährt werden kann. Jeder von uns respektiert diese Autonomie bei anderen grundsätzlich nicht als ein Wohl, das wir fördern sollten, sondern als eine Grenze, die wir nicht verletzen dürfen. Wir dürfen sie selbst dann nicht verletzen, wenn wir mehr Verletzungen derselben Art durch andere verhindern wollen – daher besteht das Verbot gegen die Folter sogar dann, wenn sie der Informationsgewinnung zu einem geplanten Terroranschlag dient. Diese Idee der Unverletzlichkeit ist offenbar klar, auch wenn es bei der genauen Form der deontologischen Grenzen erhebliche Unklarheiten gibt. Es gibt hier wie sonst auch Raum für Unbestimmtheit und weiter gehende Reflexion. Nun haben wir bislang lediglich eine Interpretation der Deontologie als eine intelligible Weise, Menschen wertzuschätzen – aber noch keinen Beweis ihrer Richtigkeit. In dieser Hinsicht steht sie jedoch auf gleicher Stufe wie die Interpretation, die ich dem Konsequentialismus gegeben habe.

Nach der bisherigen Darstellung sind unsere deontologischen Überzeugungen, dass den Menschen bestimmte Dinge nicht angetan werden dürfen, nur die subjektive Erfahrung, auf objektive Grenzen der Unverletzlichkeit zu stoßen, welche eine systematische Form des Werts definieren. Hampshire spürte offensichtlich, dass die Manipulation des Gefangenen durch ein falsches Versprechen, sein Leben zu schonen, etwas war, was er einfach nicht tun konnte, selbst wenn es sich um einen Feind handelte. Phänomenologisch ist das vielschichtiger als die Gefühle einer unparteilichen Sympathie für die Freuden und Schmerzen anderer, die zu einer Befolgung utilitaristischer Anforderungen motivieren würden. Aber als eine Reaktion auf eine andere Art von Wert, den Menschen besitzen, ist es verständlich.

3.

So weit gibt es für beide Typen von Intuitionen, für konsequentialistische und deontologische, auf der positiven Seite etwas zu sagen. Allerdings ist das noch nicht das Ende der Geschichte. Ich sagte bereits, dass es nötig sein würde, das Pro und Contra für beide Typen von Intuitionen zu untersuchen, und die interessantesten Argumente sind solche, die beanspruchen, die Autorität von einigen unserer intuitiven Ausgangspunkte untergraben zu können – insbesondere bei deontologischen Ausgangspunkten. Lassen Sie mich zwei davon beschreiben.

Bei der ersten Argumentation handelt es sich um eine Theorie, die David Hume zu verdanken ist und die nicht darauf aus ist, deontologische Anforderungen unglaubwürdig zu machen, sondern darauf, zu zeigen, dass sie moralisch nicht grundlegend sind, weil sie unter dem Gesichtspunkt anderer Werte erklärt werden können.[4] Die Theorie wird Regel-Konsequentialismus ge-

4 *A Treatise of Human Nature* (1739-1740), Buch 3, Teil 2; dt. David Hume, *Ein Traktat über die menschliche Natur*, Band II,

nannt oder, in einer ihrer spezielleren Versionen, Regel-Utilitarismus. Sie behauptet, viele unserer deontologischen Intuitionen – zu Eigentum, Vertrag, Versprechen, politischer Verpflichtung und verschiedenen individuellen Rechten – rechtfertigen zu können, indem sie diese Intuitionen unserer Internalisierung von bestimmten Konventionen zuschreibt, die mit strikten Regeln einhergehen und dem allgemeinen Interesse dienen.

Die Theorie wird von Hume in seiner Erläuterung dessen vorgestellt, was er »künstliche« Tugenden nennt, und ihr wesentlicher Punkt ist, dass diese moralischen Anforderungen unabhängig vom allgemeinen Wohl der Gesellschaft gar keine Grundlage haben. Sie benötigen eine unabhängige Grundlage anscheinend allein deshalb, weil das allgemeine Wohl der Gesellschaft strenge Regeln verlangt, wie etwa die Eigentums- und Vertragsregeln, die ihren konsequentialistischen Zweck nur erfüllen können, wenn sie sogar dann befolgt werden, wenn durch ihre Verletzung in einem einzelnen Fall mehr Gutes bewirkt als Schaden angerichtet werden würde. Die Zweckdienlichkeit der Regel bei der Herstellung von Sicherheit und Berechenbarkeit verlangt, dass der Nutzen bei der Entscheidung, ob man sich in jedem Einzelfall an sie halten will, nicht bedacht wird. Die an diesen Konventionen Beteiligten, die solche Regeln verinnerlicht haben, erleben das Unrecht

Drittes Buch: Über Moral, Zweiter Teil, Hamburg: Felix Meiner 1978.

des Stehlens und eines gebrochenen Versprechens als einfach und intrinsisch. Aber solchen Anforderungen ist ihre wahre Bedeutung nicht ohne Weiteres anzusehen. Ihre Konventionalität und ihre konsequentialistischen Grundlagen sind verborgen, und auch dies verhilft ihnen zu ihrer Wirksamkeit.

Obwohl ich nicht glaube, dass Humes Theorie eine völlig angemessene Darstellung von Rechten geben kann, ist sie ein brillanter Beitrag zur Moralphilosophie. Sie ist imstande, deontologische Anforderungen auf eine Weise zu erklären, die auch die Möglichkeit einer Umgestaltung dieser Anforderungen zulässt, falls dem Wohl der Gesellschaft mit einer Änderung der herrschenden Konventionen und Regeln besser gedient wäre. Ich denke, der Regel-Konsequentialismus ist zumindest ein Teil der Wahrheit im Hinblick auf Rechte und deontologische Verpflichtungen. Dies wird stark durch die Tatsache gestützt, dass Gesellschaften, die den Schutz individueller Rechte aufgegeben haben, um zur effektiveren Verfolgung des Allgemeinwohls frei agieren zu können, hinsichtlich ihres tatsächlichen Abschneidens beim Allgemeinwohl einige der kläglichsten Bilanzen überhaupt aufweisen.

Der Regel-Konsequentialismus ist nicht bestrebt, die Deontologie zu beseitigen, versucht aber zu zeigen, dass sie moralisch nicht grundlegend ist. Allerdings ist in jüngerer Zeit eine zweite, negativere Kritik an antikonsequentialistischen moralischen Intuitionen in den Vordergrund getreten. Man findet sie in den Schriften bestimmter Psychologen, insbesondere bei Daniel Kahneman,[5] Jonathan Haidt[6] und Joshua Greene,[7] die ihr Interesse auf die psychologische Analyse des moralischen Urteilsvermögens und der moralischen Motivation sowie auf deren neurophysiologische, evolutionäre oder soziologische Voraussetzungen gerichtet haben. Auch von Autoren wie Peter Singer[8] und Cass Sunstein,[9] die keine Psychologen sind, ist dieser Ansatz aufgegriffen worden. Er bescheinigt wie Hume den deontologischen Regeln eine gewisse Form von sozialem Nutzen, neigt jedoch oft dazu, jenen Nutzen deutlicher ausgeprägt bei unseren Vorfahren in der Vergangenheit zu sehen, die als Jäger und Sammler in kleinen Gruppen zusammenlebten und bei denen evolutionärer Druck die seinerzeit funktionalen Veranlagungen erzeugte, deren Wirken wir bis heute in uns feststellen können. Solche Veranlagungen hemmen stark die direkte zwischenmenschliche Aggression und die Miss-

5 *Thinking, Fast and Slow*, New York: Farrar, Straus & Giroux 2011; dt. *Schnelles Denken, langsames Denken*, München: Siedler 2012.
6 *The Righteous Mind. Why good People are divided by Politics and Religion*, New York: Pantheon 2012.
7 *Moral Tribes. Emotion, Reason, and the Gap between Us and Them*, New York u. a.: Penguin 2013.
8 *The Expanding Circle. Ethics and Sociobiology*, New York: Farrar, Straus & Giroux 1981.
9 »Is Deontology a Heuristic? On Psychology, Neuroscience, Ethics, and Law«, 1. August 2013. Verfügbar auf SSRN: ⟨https://ssrn.com/abstract=2304760⟩ oder ⟨http://dx.doi.org/10.2139/ssrn.2304760⟩.

achtung zwischenmenschlicher Absprachen und tragen deswegen zur friedlichen Koexistenz und Kooperation bei. Sie sind effizient, weil sie nicht auf ein Wissen über langfristige Konsequenzen angewiesen sind, sondern nur auf den unmittelbaren Charakter der Handlung reagieren und die Emotionen anstelle des sachlichen Denkens in Anspruch nehmen.

Am Ende wirkt diese Darstellung teils rechtfertigend wie die von Hume und teils entzaubernd. Sie legt es nicht darauf an, die moralische Grundlage unserer Intuitionen zu entdecken. Stattdessen fordert sie uns auf, zu uns und unseren moralischen Reaktionen eine unbeteiligte Haltung einzunehmen – den Versuch zu machen, uns sozusagen von außen zu verstehen. Wir werden dann feststellen, so wird behauptet, dass einige unserer vertrauenswürdigsten moralischen Urteile nicht vom Verstand hervorgebracht wurden, sondern vom gefühlsgeleiteten Instinkt, der durch die natürliche Auslese geschaffen wurde. Erst wenn wir diese Reaktionen wissenschaftlich erklärt haben, können wir entscheiden, welchen wir weiterhin erlauben sollten, uns zu beeinflussen, und welche wir stattdessen als emotionale Täuschungen verwerfen sollten.

Die Schlussfolgerung dieser psychologischen Kritiker ist, dass zwar das evolutionäre Erbe der deontologischen Moral eine gewisse Nützlichkeit beibehält, nämlich als eine Reihe von Heuristiken zur Bestimmung dessen, was zu tun in den meisten Fällen richtig ist – oder um es mit den Worten Kahnemans auszudrücken, als ein Beispiel für »schnelles Denken« im Gegensatz zum weniger effizienten, aber genaueren »langsamen Denken« –, dass aber die einzigen moralischen Maßstäbe, die aus sich heraus valide sind, die rationalen Maßstäbe des Konsequentialismus sind, oder genauer gesagt, irgendeine Form des Utilitarismus. Der Konsequentialismus bildet den Maßstab, der das bekräftigt, was an den deontologischen Aspekten intuitiver Moral noch brauchbar ist, und er bildet ebenfalls den Maßstab, der ein Hinwegsetzen über deontologische Intuitionen rechtfertigt, wenn eine langsamere Berechnung von Kosten und Nutzen aufdeckt, dass sie uns dazu führen würden, mehr Schaden als Gutes zu bewirken.

Doch ich glaube, selbst mit dieser angeblich wissenschaftlichen Stützung ist es zu früh, den Sieg des Konsequentialismus zu verkünden.

4.

Die unbeteiligte biologistische Haltung, die wir zu uns selbst einnehmen, ist mittlerweile ein kultureller Gemeinplatz. Die Menschen sind es gewohnt, sich ihre psychologischen Dispositionen als Ergebnis der natürlichen Auslese vorzustellen und ihre Denkweise und Motive als etwas zu verstehen, das in erheblichem Maße ihrer bewussten rationalen Kontrolle entzogen ist. Doch damit stellt sich lediglich das Problem des Unterscheidens zwischen moralischem Anschein und moralischer Realität. Es wird aber noch nicht gelöst. Psychologisch reduktive oder entzaubernde Darstellungen unserer moralischen Intuitionen beglaubigen sich nicht selbst: Sie sind Beiträge zum Prozess des reflexiven Gleichgewichts, und wir müssen entscheiden, ob sie plausibler sind als die Urteile, deren Ersetzung sie vorschlagen.

Das Problem von Anschein und Realität liegt im Kern der Philosophie und findet sich in jedem Zweig des Fachs. Es entsteht, wenn wir vorübergehend aus uns heraustreten und die Art, wie uns die Dinge erscheinen, in gewisser Hinsicht als ein psychologisches Faktum betrachten – eine Tatsache über einen bestimmten Typ von Lebewesen in der Welt. Die Frage lautet dann, ob die beste Erklärung für diese psychologische Tatsache – unter Heranziehung der uns verfügbaren Formen eines biologischen, neurophysiologischen, psychologischen und historischen Verständnisses – damit vereinbar ist, weiterhin zu bejahen, dass die Dinge so sind, wie sie aus jener Perspektive zu sein scheinen. Diese Frage können wir unabhängig davon stellen, ob der Anschein eine Sinneswahrnehmung, eine Erinnerung, eine mathematische Gewissheit, ein ästhetisches Urteil oder eine moralische Überzeugung ist.

Es ist allerdings wichtig, dass der Standpunkt von innen, den wir überprüfen, nicht verschwindet, wenn wir mit diesem Schritt aus uns heraustreten. Wir können uns nicht vollständig aus unserem eigenen Standpunkt zurückziehen und uns so beobachten, als ob wir jemand anders wären. Selbst wenn wir den Standpunkt von außen einnehmen, ist er immer noch unserer. Sowohl die deontologischen Intuitionen zum Unrecht von Mord oder Verrat als auch die konsequentialistischen Intuitionen zum Guten, mehr anstatt weniger Leben zu retten, verfügen in den Fällen, die wir erörtern, weiterhin über *prima facie* Gründe für moralische Überzeugungen, und wir haben zu entscheiden, ob das, was bei der Sicht von außen zum Vorschein kommt, uns dazu berechtigen wird, einige von diesen Gründen nicht zu berücksichtigen.

Bei einem solchen Urteil müssen wir einfach von moralischen Intuitionen Gebrauch machen – sonst könnten wir keinerlei moralische Schlüsse ziehen. Die Frage wird also sein, ob die Sicht von außen auf unsere moralischen Reaktionen – sei sie naturwissenschaftlich, historisch oder soziologisch – die Autorität von einigen Gründen überzeugender schwächt als die von anderen. Da die Reaktionen selbst an diesem Wettbewerb teilnehmen, erfolgt das Ergebnis nicht automatisch. Ich glaube, für die Arten von individuellen Rechten, die wir betrachten, bleibt das Ergebnis der Infragestellung von außen genauso problematisch wie das ursprüngliche moralische Dilemma.

Wenn psychologische und neurophysiologische Daten und spekulative evolutionäre Erklärungen auf diese Urteile angewandt werden, gehen die Reaktionen auf typische Art und Weise auseinander, was mich vermuten lässt, dass sie stark von der Voreinstellung der überlegenden Person für oder gegen eine rein konsequentialistische Auffassung abhängen. Manche Menschen sehen eben im Utilitarismus die einzige rational verständliche Form der moralischen Rechtfertigung; andere halten es für ebenso offenkundig, dass die Moral noch eine weitere Dimension besitzt. Für Erstere ist die Tatsache, dass man ohne langwierige Deliberation schnell zu deontologischen Urteilen gelangt und diese sowohl phänomenologisch als auch neurophysiologisch mit dem Gefühl verbunden sind, ein Grund, diese Urteile als Beispiele für moralische Erkenntnis in Zweifel zu ziehen, zumal sie uns manchmal abverlangen, etwas zu tun, was eindeutig irrational ist, nämlich das größere dem kleineren Übel vorzuziehen. Die Hypothese zu ihrem evolutionär bedingten Ursprung liefert eine alternative Erklärung für ihre emotionale Stärke.

Für Antikonsequentialisten hingegen sind die Unmittelbarkeit und die emotionale Stärke der Reaktionen bei Mord, Folter, Verrat und so weiter nicht überraschend, da sie Reaktionen auf den unmittelbaren, moralischen Charakter unserer Interaktion mit einer anderen Person anstatt auf allgemeinere Konsequenzen sind. *Natürlich* wird sich Ihr ventro-medialer präfrontaler Cortex winden, wenn Sie darüber nachdenken, jemanden zu ermorden oder zu foltern! Antikonsequentialisten weisen auch auf eine weitere psychologische Tatsache hin – das unparteiliche Wohlwollen, das dem Utilitarismus motivational zugrunde liegen soll, ist bei den meisten Menschen bei weitem zu schwach, um die

Befolgung der anspruchsvollen moralischen Anforderungen des Utilitarismus zu stützen, was ihn als die alleinige Basis für die menschliche Moral ungeeignet sein lässt. Und was die evolutionsbezogenen Spekulationen angeht – sie zählen wohl kaum als unabhängige empirische Daten: Sie werden eigentlich von der konsequentialistischen Moraltheorie betrieben und können *cum grano salis* genommen werden.

Mit anderen Worten, nichts an diesem komplizierten Bündel von Argumenten und Gegenargumenten zwingt einen, entweder die konsequentialistische oder die deontologische Position aufzugeben. Der wesentliche Punkt ist, dass Meinungsverschiedenheiten dazu, wie auf Informationen zur Psychologie und Neurophysiologie des moralischen Urteils zu reagieren ist, selbst moralische Meinungsverschiedenheiten sind, wie Selim Berker verdeutlicht hat.[10] Es ist sicherlich legitim, diese Forschungsergebnisse in den Prozess des reflexiven Gleichgewichts einzubringen, aber am Ende sind wir es, die zu entscheiden haben, ob sie unser Zutrauen in die Validität von deontologischen Urteilen untergraben sollten, für die sie eine einleuchtende Erklärung haben wollen. Und bei dieser Entscheidung spielen jene Intuitionen selbst eine Rolle. Sie ziehen sich unter dem Eindruck und in Reaktion auf die Auswertung einer MRT-Aufnahme (Magnetresonanztomographie) nicht

10 »The Normative Insignificance of Neuroscience«, in: *Philosophy & Public Affairs* 37 (2009).

automatisch vom Schauplatz zurück. Es geht nicht um die Frage, ob die Sicht von außen zu einer emotionalen Schwächung der in Frage gestellten Intuitionen führen wird. Die Frage ist vielmehr, ob sie uns überzeugt, diese Intuitionen – wie stark deren emotionale Lebhaftigkeit auch sein mag – als bloße Erscheinungen zu betrachten anstatt als Erkenntnisse der moralischen Wirklichkeit. (Schließlich verschwinden optische Täuschungen als Merkmale visueller Erfahrung nicht, wenn wir durch Messungen herausfinden, dass sie Täuschungen sind.) Wenn wir uns selbst und unsere Psychologie der Moral von außen betrachten, müssen wir nach wie vor entscheiden, ob uns die Sicht von außen nötigt, unsere Zustimmung zu dem, was uns von innen als wahr dargestellt wird, zurückzunehmen. Und die Sicht von innen nimmt an dieser Wahl teil.

Ich denke, aus der Geschichte dieser Debatte und der Hartnäckigkeit beider Seiten geht klar hervor, dass hier zwei ganz verschiedene reflexive Gleichgewichte festzustellen sind, von denen eines eine bedeutende deontologische Komponente in der Moral bewahrt und eines wesentlich revisionistisch angelegt ist.

5.

Ich vermute, dass es im Licht dieser Pattsituation für jede Seite unrealistisch ist zu glauben, sie selbst habe die andere Seite widerlegt. Beide Positionen sind praktikable moralische Auffassungen. Lassen Sie uns deshalb eine leicht abgewandelte Frage stellen: Würde ein Schritt in Richtung der revisionistischen Position als moralischer Fortschritt gelten? Denn so wird sie normalerweise dargestellt, im Gegensatz zum konservativen Unwillen, eine tiefsitzende Bindung an grundlegende individuelle Rechte aufzugeben, die als ein Erbe der Vergangenheit angesehen wird.

Wir wissen, dass sich die menschliche Moral im Laufe der Zeit ändert, und es ist wohl unwahrscheinlich, dass sie jemals einen finalen, statischen Zustand erreichen wird – ebenso wenig wie die Wissenschaft. Anstatt zu sagen, dass irgendeine Form des Konsequentialismus die einzige rationale moralische Auffassung ist, könnte man moralische Revisionisten so verstehen, als ermöglichten sie uns einen Schritt nach vorn auf dieser Reise der moralischen Entwicklung. Man könnte sich dies *mutatis mutandis* in Analogie zu einer späteren naturwissenschaftlichen Theorie vorstellen, die eine frühere Theorie nicht einfach widerlegt, sondern subsumiert und ersetzt, und zwar in einer Form, die viele ihrer Resultate bewahrt und erklärt, während sie andere richtigstellt und verbessert. Der Unterschied liegt darin, dass die Moraltheorien keine alternativen Beschreibungen der äußeren Welt sind, sondern normative Alternativen.

Manche Beispiele für moralische Reform können nur als eindeutige Widerlegungen derjenigen Auffassungen betrachtet werden, die sie beseitigen wollen. Dies trifft für die zeitgenössische Revolution bei den Ansichten über Homosexualität zu, durch die im Namen der individuellen Freiheit und des menschlichen Glücks ein sehr starkes Tabu überwunden wurde und die offenbar auf bestem Wege ist, das emotional befrachtete Gefühl von Verunreinigung aufzulösen, mit dem das Tabu so lange aufrechterhalten wurde. Andererseits sind einige Vorschläge für einen moralischen Fortschritt einfach falsch, manchmal sogar schrecklich falsch. Der Bolschewismus wurde immerhin unter dem Banner des moralischen Fortschritts gerechtfertigt und das Gleiche ließe sich vom Faschismus sagen. Doch abgesehen davon gibt es Beispiele, welche die Frage nach dem Fortschritt auf andere Weise stellen, nämlich als wertenden Vergleich zwischen alternativen Konzeptionen desselben moralischen Bereichs.

Ein Beispiel, das sich in dieser Weise betrachten lässt und das mit der vorliegenden Frage eng zusammenhängt, ist das der Eigentumsrechte. Die radikale Hoffnung, dass das Privateigentum an den Produktionsmitteln zugunsten des Kollektiveigentums abgeschafft werden könne, hat sich als ein zerstörerischer Traum entpuppt. Doch Humes Darstellung des Eigentums, das bei ihm kein moralisches Grundrecht ist, sondern eine Konvention, die durch ihren unverzichtbaren Beitrag zum kollektiven Interesse der Gesellschaft beibehalten wird, finde ich vollkommen überzeugend. Und so lange, wie das System der Eigentumsregeln und -rechte die Sicherheit des Besitzes, der Erbfolge und des Eigentümerwechsels vorsieht und damit Kapitalakkumulation, ökonomische Planbarkeit und Kooperation auf lange Sicht zulässt, kann es auch anderen Zwecken wie beispielsweise der Verteilungsgerechtigkeit dienen. Diese instrumentelle, gegen Locke gerichtete Konzeption von Eigentumsrechten hat zwar eine gewisse Verbreitung gefunden, ihr wird aber im Westen durch eine starke libertaristische Strömung in der Moral Widerstand entgegengesetzt, die vor allem in den Vereinigten Staaten weiterhin großen politischen Einfluss hat. Ich denke deshalb, die konventionalistische, weitgehend konsequentialistische Konzeption von Eigentumsrechten, die Letztere zu einem Vehikel der sozialen Gerechtigkeit macht, wird am besten als ein Ruf nach moralischem Fortschritt präsentiert – als eine Aufforderung, die vorherrschende Konzeption in eine erweiterte Konzeption einzuordnen. Eine Reform in der moralischen Auffassung von Eigentum würde bedeuten, dass Eigentumsrechte gemeinhin nicht so gesehen würden, als beruhten sie auf individueller Freiheit, sondern auf dem kollektiven Wohl. Obwohl die individuelle Freiheit ein wichtiger Wert ist und bei der Ausübung solcher Eigentumsrechte geschützt werden sollte, die wir unter den kollektiv wertvollen Eigentumskonventionen innehaben, sollte sie nicht als die Grundlage jener Rechte angesehen werden und sollte deren Inhalt nicht bestimmen.

Dies ist ein Beispiel dafür, wie eine moralische Auffassung, die beträchtliche intuitive Unterstützung hat, durch eine andere ersetzt werden könnte, die ihr als überlegen erachtet wird. Auch wenn eine Konzeption von Eigentumsrechten, die weitgehend auf Freiheit und Eigenbesitz basiert, bedeutende Werte verkörpert, würde ihre Ersetzung durch eine konventionalistische Konzeption, die einen gewissen Schutz der Freiheit einschließt, meiner Ansicht nach ein klares Beispiel für Fortschritt sein.

6.

Würde es aber ein moralischer Fortschritt sein, wenn wir dahin kämen, *alle* deontologischen Grenzen als nicht grundlegend für die Moral anzusehen, sondern bestenfalls als grobe Leitlinien, denen Respekt nur in dem Maße gebührt, wie ihr verhältnismäßig strenger Schutz wirklich dem Wohl der Gesellschaft oder der Menschheit als ganzer dient? Ich denke, es hängt davon ab, ob es ein Fortschritt wäre, den moralischen Standpunkt zu vereinfachen.

In einem gewissen Sinne verlangt der moralische Standpunkt bei der Entscheidung, was zu tun ist, dass man sich in alle anderen hineinversetzt und den jeweiligen Standpunkt eines jeden Individuums berücksichtigt. Die Frage ist nur: Wie?

Der Reiz der konsequentialistischen Art, Menschen unparteilich zu bewerten, lässt sich nicht leugnen. Es mag den Anschein haben, es gäbe keine Möglichkeit, die Standpunkte aller Individuen zu berücksichtigen, ohne sie zu einem einzigen Meer der Nutzen und Nachteile zu verschmelzen, das dann als Ganzes bewertet wird. Doch es gibt eine andere Möglichkeit. In der deontologischen Moral tritt uns jedes Individuum einzeln für sich gegenüber, und die Unverletzlichkeit des Individuums, das uns gegenübertritt, dominiert die konkurrierenden Ansprüche derer, denen wir helfen könnten, indem wir dieses eine Individuum dem Allgemeinwohl opfern. Die Unverletzlichkeit jenes Individuums steht gewissermaßen für die Unverletzlichkeit von allen. Ich denke, wir spüren das, und zwar selbst dann, wenn wir uns bei einem typischen Dilemma gleichzeitig in die Lage von zwei verschiedenen Arten potenzieller Opfer versetzen, in die Lage des Opfers einer konsequentialistischen und des Opfers einer deontologischen Entscheidung.

Dieser individualisierte moralische Respekt ist etwas, das die Moral allen gleichermaßen garantieren kann: dasselbe Anrecht darauf, auf bestimmte Art und Weise behandelt zu werden, derselbe Status, dieselben Beschränkungen oder Grenzen. Er bestimmt den Charakter unserer Beziehungen zueinander. Jede Person, mit der ich zu tun habe, begegnet mir mit derselben hartnäckigen und undurchdringlichen moralischen Oberfläche, die ich ihr zeige: Es gibt bestimmte Dinge, die keiner von uns dem anderen antun darf. Und dieses »moralische Minimum« ist ein – in der Struktur der Moral enthaltener – Ausdruck der Forderung, dass die moralische Überlegung jedes Individuum einzeln für sich respektieren sollte. Das ist nicht der Fall, wenn die Moral im Prinzip die vollständige Unterordnung der Interessen einer Person unter die höheren Interessen anderer erlaubt. Ein solcher Status der Unverletzlichkeit wird von jedem konsequentialistischen System *allen* verweigert, wie Frances Kamm betont hat, unabhängig davon, welche Ergebnisse das System als wertvoll ansieht.[11]

Die Frage, die ich stellen möchte, lautet, ob wir bei dem Blick von außen auf uns dahin gelangen sollten, unser Festhalten an Rechten und Deontologie als eine unnötig überladene moralische Auffassung zu betrachten, mit der die Ansprüche der Person, die uns gegenübertritt, übergroß dargestellt werden und unsere Rationalität eingeschränkt wird. Wäre es demnach ein Fortschritt, wenn wir die auf Individuen zentrierte deontologische Auffassung und die auf sie zurückgehenden Intuitionen nicht mehr als fundamentale moralische Leitlinien verwenden würden?

Ich glaube, es würde etwas verlorengehen. Die menschliche Moral wird sich zweifellos weiterentwickeln, und vielleicht wird sie sich in eine konsequentialistischere Richtung bewegen. Doch die vollkommen andersartige Form, Individuen wertzuschätzen, indem man sie – komme, was wolle – jeweils für sich anstän-

11 *Morality, Mortality*, Band 2, *Rights, Duties, and Status*, Oxford: Oxford University Press 1996.

dig behandelt und eine solche Behandlung auch für sich selbst einfordert, gehört ganz wesentlich zu unserem Leben. Am wichtigsten ist allerdings, dass sie eine unverwechselbare Art des Denkens dafür ist, wie wir uns aufeinander beziehen, die Quelle unserer sich ständig weiterentwickelnden Interpretationen der Statusgleichheit von Menschen als Inhabern von Menschenrechten. Ohne sie wären die Vorteile der Zugehörigkeit zur moralischen Gemeinschaft ernstlich gemindert – nicht quantitativ, aber qualitativ. Diejenigen, die nicht meiner Meinung sind, werden der Ansicht sein, ich weiche der Frage einfach aus – vielleicht ist das jedoch unvermeidlich.

II

Moralische Wirklichkeit und moralischer Fortschritt

1.

Welche Art des Denkens über den moralischen Fortschritt ist richtig? Die Geschichte der Menschheit umfasst vielfältige Arten von (oft unterbrochenem oder wieder zurückgedrehtem) Fortschritt: wissenschaftlichen, technischen, künstlerischen, rechtlichen, sozialen und wirtschaftlichen Fortschritt. Ich bin an der Form von moralischem Fortschritt interessiert, die als ein Vorankommen beim Verständnis oder bei der Erkenntnis betrachtet werden kann, und nicht bloß beim Verhalten. Ein Vorankommen dieser Art beinhaltet eine gewisse Form von Realismus im Hinblick auf die moralische Wahrheit – es beinhaltet, dass moralische Aussagen unabhängig von dem, was wir glauben, wahr oder falsch sein können und ein Wandel der moralischen Überzeugung folglich als objektiv richtig oder unrichtig beschrieben werden kann.[1] Eine Art des Fortschritts wür-

1 Anti-Realisten können der Idee des moralischen Fortschritts zwar ebenfalls einen Sinn verleihen, aber diese Möglichkeit werde ich hier beiseitelassen. Siehe Catherine Wilson, »Moral Progress Without Moral Realism«, in: *Philosophical Papers* 39, Nr. 1 (2010) und Philip Kitcher, *Moral Progress*, Oxford: Oxford University Press 2021.

de darin bestehen, eine falsche moralische Überzeugung zugunsten einer wahren Überzeugung aufzugeben. Eine andere Art bestünde darin, bei etwas, zu dem man zuvor keine Meinung hatte, weil sich die Frage vielleicht nicht gestellt hatte, zu einer wahren Überzeugung zu gelangen. Solche Veränderungen können entweder bei den Einstellungen eines Individuums oder bei den geteilten Einstellungen einer Gemeinschaft erfolgen. Aber was bedeutet es, einen solchen moralischen Wandel als Fortschritt – als ein Vorankommen in unserem Erfassen der Wahrheit – zu beschreiben?

Die Frage lässt sich zuspitzen, indem man moralischen Fortschritt mit naturwissenschaftlichem Fortschritt vergleicht. Einem realistischen Verständnis der Wissenschaft zufolge enthüllt naturwissenschaftliches Wissen die Wahrheit über eine natürliche Welt, die unabhängig von uns und unseren Überzeugungen über sie existiert. Eine wissenschaftliche Entdeckung in der Physik, Chemie oder Biologie offenbart etwas über die Welt, das lange wahr war, bevor wir es entdeckten, und auch dann wahr gewesen wäre, wenn wir es nie entdeckt hätten. Wenn die Menschen nie die Chemie entwickelt hätten – ja sogar dann, wenn die Menschen nie existiert hätten –, würde es dennoch wahr sein, dass Salz Natriumchlorid ist. Der wissenschaftliche Fortschritt besteht zumindest in den grundlegenden Naturwissenschaften in der Auffindung von Wahrheiten, die schon die ganze Zeit wahr gewesen sind, weil die Welt immer schon mit diesen grundlegenden charakteristischen Eigenschaften existiert hat. Bei der moralischen Wahrheit, falls es eine solche gibt, geht es allerdings nicht um die natürliche Ordnung – um die Struktur der Welt oder deren Zusammensetzung oder was in ihr passiert.

Worum geht es dann bei ihr? Wenn es sich um ein platonisches Reich handeln würde, in dem moralische Wahrheiten ihr Sein haben, ein Reich, das metaphysisch von der natürlichen Welt und den Menschen in ihr geschieden ist, zu dem wir aber irgendwie kognitiven Zugang haben, dann könnte daraus folgen, dass die moralische Wahrheit zeitlos ist und der moralische Fortschritt ebenso wie naturwissenschaftlicher Fortschritt die Entdeckung dessen ist, was die ganze Zeit schon wahr war. Doch Realismus im Hinblick auf die Moral, so wie ich ihn verstehe, impliziert kein solches metaphysisches Bild. Stattdessen sollten wir uns die Moral als einen Aspekt der praktischen Vernunft vorstellen: Sie betrifft das, wofür wir bestimmte Arten von Gründen haben, es zu tun und nicht zu tun. Wir sollten uns diese Gründe nicht ähnlich wie chemische Elemente vorstellen, die darauf warten, entdeckt zu werden. Tatsachen über Gründe sind vielmehr irreduzibel normative Wahrheiten über uns selbst und andere Personen, und der Realismus ist einfach die Position, dass deren Wahrheit nicht davon abhängt, ob wir sie glauben. Moralisches Wissen ist einer normativ realistischen Auffassung zufolge eine Sorte von Überzeugungen über unsere Handlungsgründe, die mit solchen Wahrheiten übereinstimmt.

Manchmal werden wir sagen wollen, dass der moralische Fortschritt darin besteht, zur Akzeptanz einer moralischen Überzeugung zu gelangen, die immer schon wahr war, oder zur Preisgabe einer Überzeugung zu gelangen, die immer schon falsch war; da es sich nun aber um Wahrheiten handelt, welche nicht die Ordnung der Natur betreffen, sondern die praktische Vernunft, muss sich unser Verständnis, wie dies vor sich geht, davon unterscheiden, wie es in dem naturwissenschaftlichen Fall dazu kommt. Wenn der normative Bereich ein Bereich der Gründe ist, muss der moralische Fortschritt einer gewandelten moralischen Einstellung gleichgesetzt werden, für die ein Grund besteht, sie zu übernehmen. Wenn dieser Grund schon lange Zeit existiert hat, bevor er erkannt wurde, können wir sagen, dass wir zu einer neuen moralischen Überzeugung gelangt sind, die immer schon wahr war. Dies wird aber nicht in jedem Fall zutreffend sein. Jeder Grund für einen Wandel in der moralischen Einstellung ist an die Personen und die Zeit in der Moralgeschichte geknüpft, für die er bestimmt ist. Die Existenz eines Grundes in der Gegenwart muss nicht bedeuten, dass derselbe Grund zu allen Zeiten existiert hat. Ob er in der Vergangenheit existiert hat, ist eine weitere Frage, deren Beantwortung von den damaligen Umständen abhängen wird und davon, welche Überlegungen den Personen zu jener Zeit verfügbar oder zugänglich waren.

Es besteht ein starker Unterschied zur Naturwissenschaft. Im Jahr 400 vor unserer Zeit hätte niemand verstehen können, geschweige denn Grund gehabt zu glauben, dass Salz Natriumchlorid ist. Es sollte noch ein langer Weg in der wissenschaftlichen Theorie und im Experimentieren nötig sein, um zu den Vorstellungen von Elementen und chemischen Verbindungen zu gelangen, die es dann erlaubten, eine solche Aussage zu formulieren und zu bestätigen. Und doch war sie damals ebenso wahr wie heute.

Im Gegensatz dazu lässt sich die Wahrheit einer moralischen Aussage nicht davon unterscheiden, dass es einen Grund für die Menschen gibt, sich in der Weise zu verhalten, die sie vorschreibt. Darüber hinaus – und das ist entscheidend – bin ich wie Joseph Raz der Meinung, dass es einen solchen Grund nicht geben kann, bevor er denjenigen *zugänglich* ist, für die er gelten soll. »Moral ist inhärent verständlich«, sagt Raz, und »die Verständlichkeit der Moral erfordert es, dass die Moral den Menschen, für die sie gelten soll, im Prinzip zugänglich sein sollte.«[2] Mit anderen Worten, ein moralischer Grund kann nur dann für sie gelten, wenn sie Grund haben zu glauben, dass jener Grund existiert.

2 Joseph Raz, »Moral Change and Social Relativism«, in: *Social Philosophy and Policy* 11, Nr. 1 (1994), S. 156. Siehe auch Raz, »Can Moral Principles Change?«, in: *The Roots of Normativity*, Oxford: Oxford University Press 2022. Die Position, die ich hier verteidige, hat mit seinem Standpunkt in diesen beiden Aufsätzen viel gemeinsam.

Damit ist nicht gesagt, dass sie ihn tatsächlich erkennen müssen, damit er existiert: Das wäre mit dem Realismus unvereinbar. Die Menschen haben manchmal Gründe, nicht an die Existenz moralischer Gründe zu glauben, die wirklich existieren, oder sie haben Gründe, an die Existenz moralischer Gründe zu glauben, die nicht wirklich existieren – Gründe religiöser Autorität zum Beispiel. Wenn jedoch eine solche Situation gegeben ist, muss die moralisch richtige Position durch Gründe gestützt werden, die zugänglich sind – durch Gründe, bei denen dieselben Menschen irgendeinen Grund haben, sie zu akzeptieren, selbst wenn sie sie in dem Moment nicht anerkennen. Gründe können nicht vollkommen verborgen sein, wie die chemische Zusammensetzung von Salz in der fernen Vergangenheit. Ein Weg zu ihrer Erkenntnis muss für die Personen, für die sie bestimmt sind, *zu jener Zeit* verfügbar sein – nicht erst nach Jahrhunderten geschichtlicher Entwicklung.

2.

Was mich im Hinblick auf den moralischen Fortschritt interessiert, ist, ob wir solche Fortschritte im normativen Verständnis – die Entdeckungen von etwas darstellen, das immer schon wahr war, weil die relevanten Gründe längst zugänglich waren – von anderen Fortschritten unterscheiden können, die nicht so beschrieben werden können, weil die relevanten Gründe erst in jüngster Zeit zugänglich wurden.

Da mein Interesse speziell den normativen Fortschritt betrifft, möchte ich *eine* Variante, wie moralische Wahrheit zugänglich werden kann, die zuvor nicht zugänglich war, beiseitelassen: nämlich einfach einen Wandel bei den nicht-normativen Tatsachen oder bei unserem Wissen von solchen Tatsachen. Denn dieser Wandel kann neue moralische Fragen aufwerfen, Fragen, die vorher nicht angegangen werden mussten. So wird zum Beispiel klar, dass die Nutzung fossiler Brennstoffe zu einem potenziell gefährlichen Anstieg globaler Temperaturen beiträgt; oder Fortschritte in der Medizin werfen Fragen zu Entscheidungen am Lebensende oder zur Leihmutterschaft auf; oder die Entwicklung einer modernen Marktwirtschaft führt zu Fragen, was die Legitimität von Abkommen angeht, die Wettbewerb verhindern. Diese Art des Wandels, der auf veränderten Tatsachen oder verändertem Wissensstand beruht, impliziert jedoch nicht von sich aus jene Art des Wandels hinsichtlich der Zugänglichkeit moralischer Gründe, von der ich hier rede, weil sie vielleicht gar keine neuen Normen mit sich bringt, sondern nur die Anwendung bereits zugänglicher Normen auf neue Tatsachen.

Das wäre die allgemeine Form des moralischen Fortschritts, wenn es zum Beispiel ein einziges, von jedem rationalen Wesen erkennbares moralisches Leitprinzip wie den Utilitarismus gäbe, aus dem alle moralischen

Gründe abgeleitet wären. Dann würden Veränderungen bei den bekannten Folgen dessen, wozu die Menschen befähigt wären, entsprechende Veränderungen bei dem nach sich ziehen, was sie tun sollten. Aber diese Antwort würde nicht davon abhängen, neue moralische Gründe eines Typs zu entdecken, der zuvor nicht zugänglich war. Sie würde allein davon abhängen, welche Grundsätze des Verhaltens, welche Vorgehensweisen oder Institutionen bei dem einzigen Maßstab der unparteilichen Wohlfahrtsmaximierung gerechtfertigt wären.

Wenn moralische Gründe so beschaffen wären, würde der moralische Fortschritt in einem gewissen Sinne dem naturwissenschaftlichen Fortschritt ähneln, weil die richtige Antwort auf eine sich neu stellende Frage, wie auf den Klimawandel oder medizinisch erweiterte Möglichkeiten zu reagieren ist, hypothetisch schon lange im Voraus wahr gewesen wäre. Das heißt, sie wäre wahr gewesen, bevor irgendjemand daran gedacht hätte, ob es zulässig/nicht zulässig wäre, bei einem Patienten in einem vegetativen Stadium und unter den und den Bedingungen vorheriger Zustimmung das Beatmungsgerät abzuschalten oder den Sondenschlauch zu entfernen, *wenn* bestimmte Formen der künstlichen Lebensverlängerung eines Tages verfügbar sein würden. Mit anderen Worten, jeder moralische Fortschritt wäre die Entdeckung von moralischen Wahrheiten, die in einem gewissen Sinne immer schon wahr gewesen wären, so wie die chemische Zusammensetzung von Salz – weil sie aus einer Prämisse hervorgehen würden, die jedes rationale Wesen erkannt haben könnte. Ihre normative Grundlage – der ihr zugrunde liegende Grund – wäre stets zugänglich gewesen. Da ich aber nicht glaube, dass alle moralischen Gründe aus einem einzigen utilitaristischen Axiom abzuleiten sind, werde ich diese Möglichkeit einstweilen beiseitelassen.

Mich interessiert vielmehr, wie der moralische Fortschritt zu interpretieren ist, wenn wir stattdessen von einer pluralistischeren und komplexeren, gleichwohl aber realistischen Vorstellung von moralischen Gründen ausgehen. Ich glaube, es wird Fälle geben, in denen Gründe erkannt werden – entweder in Reaktion auf neue Wahlmöglichkeiten, die sich durch neue nicht-normative Tatsachen auftun, oder infolge von moralischer Reflexion, die vorhandene moralische Einstellungen revidiert oder erweitert –, die man nicht viel früher hätte erkennen können und bei denen die Entdeckung speziell normativ ist und nicht lediglich der Anwendung zeitloser Normen auf neue nicht-normative Tatsachen entspricht wie beim Utilitarismus.

Im Hinblick auf solche Gründe Realist zu sein, bedeutet, der Ansicht zu sein, dass Urteile, die unter solchen Umständen gebildet werden, richtig oder unrichtig sein können und dass ihre Richtigkeit oder Unrichtigkeit in ihrer Angemessenheit als Reaktionen auf genau diese Umstände besteht. Mit anderen Worten, die elementarste Wahrheit hier könnte lokal sein – dass ebendies die Antwort darauf ist, wie wir nun vorgehen sollten. Ob es immer falsch war, etwas anderes zu denken, ist eine andere Frage, deren Beantwortung davon abhängt, welche Gründe es unter anderen Umständen, in der Vergangenheit, dafür gab, anders zu denken. Manchmal wird sich der moralische Fortschritt als die Entdeckung von etwas ausweisen lassen, das stets schon wahr gewesen ist; manchmal aber auch nicht. Im letzteren Fall wird es so sein, weil die Erkennbarkeit solcher Wahrheit (wie der Fortschritt naturwissenschaftlicher Erkenntnis) pfadabhängig ist: Dass eine bestimmte Vorgehensweise oder Praktik eine Verbesserung sein würde, mag nur denjenigen auf ein Nachdenken hin verständlich sein, die bereits bestimmte vorherige Stadien im moralischen Denken und Handeln durchlaufen haben.

Wir haben viele historische Beispiele für moralischen Fortschritt erlebt, die normalerweise mit dem politischen und institutionellen Fortschritt zusammenhängen: die Abschaffung der Sklaverei, die Ersetzung der Aristokratie durch Volkssouveränität, die Zunahme religiöser Toleranz und Meinungsfreiheit, den Verzicht auf grausame Bestrafung, die Emanzipation der Frauen, die Ächtung der Rassendiskriminierung, den Versuch, sozioökonomische Chancengleichheit herzustellen, die Verteidigung sexueller Freiheiten, den schonenderen Umgang mit Tieren. Der Wandel erfolgt sowohl durch die gezielte Arbeit von Reformern der Moral und von Verfechtern moralischer oder politischer Theorien als auch durch weit verbreitete Einstellungsänderungen in großen Bevölkerungsgruppen, wenn auch mit verschiedenen Geschwindigkeiten. Diese Veränderungen Fortschritt zu nennen bedeutet, eine normative Behauptung aufzustellen: Nämlich, dass es moralische Gründe dafür gab, die jeweils gängigen Praktiken durch etwas anderes zu ersetzen. In manchen Fällen waren solche Gründe längst zugänglich, bevor sie gemeinhin anerkannt wurden, aber nicht immer. Ich glaube zum Beispiel, die Schritte in Richtung einer verfassungsmäßig beschränkten demokratischen Regierung und einer staatlich gestützten sozialen und ökonomischen Chancengleichheit erforderten zum einen moralische Vorstufen und zum anderen ein bestimmtes Entwicklungsniveau in Politik, Wirtschaft und Bildung, bevor sie überhaupt als Optionen vorstellbar waren. Hätten solche Bedingungen gefehlt, wären die Gründe für jene Reformen in der vormodernen Welt nicht zugänglich gewesen, denke ich, und sie galten nicht für Menschen, denen sie nicht zugänglich waren.[3]

3 Der Vollständigkeit halber sei gesagt, dass ich dem Phänomen des moralischen Niedergangs dieselbe Analyse angedeihen ließe. In allen tatsächlichen Fällen moralischen Niedergangs oder moralischer Regression, wie sie die Revolution der Bolschewiken oder der Nationalsozialisten darstellen, bleiben die moralischen Wahrheiten, die nicht mehr akzeptiert werden, zugänglich und hören nicht auf, für diejenigen zu gelten, die sie ablehnen. Um eine Gesellschaft in einen Zustand zurückzuversetzen, in dem einmal anerkannte moralische Wahrheiten nicht mehr zugänglich wären, müsste es zu einem katastrophalen Verlust des kulturellen Gedächtnisses und einem Abstieg in die Barbarei kommen.

3.

Ich werde einige Beispiele später noch ausführlicher erörtern, aber lassen Sie mich zunächst mehr über die Vorstellung von moralischer Wahrheit sagen, von der all dies abhängt. Wie ich bereits sagte, handelt es sich um eine Form des normativen Realismus, die im Wesentlichen lokal ist. Gründe kommen in einer Beschreibung der natürlichen Welt nicht vor, die rationalen Wesen, die diese Gründe haben, tun es jedoch, so dass Gründe nicht in einem abgesonderten, platonischen Reich existieren. Gründe sind Gründe für *Menschen*, etwas zu tun, und getrennt von rationalen Wesen existieren sie nicht. Obwohl moralische Grundsätze oft auf eine Weise geäußert werden, die diese Subjekte unberücksichtigt lässt, sind sie durch Implikation stets mit gemeint. »Es ist nicht richtig, ein falsches Versprechen abzugeben, im Wissen darum, dass man gar nicht beabsichtigt, es einzuhalten«, ist eine Aussage darüber, was eine implizierte Klasse von Individuen aus einem bestimmten Grund vermeiden sollte.

Wenn man sich also nur weit genug in die Vergangenheit zurückbegibt, wird man an einen Punkt gelangen, an dem jeder moralische Grundsatz oder jedes Prinzip der praktischen Vernunft, wie elementar es auch sein mag, aufhört, wahr zu sein – und zwar einfach deswegen, weil es niemanden gibt, für den es wahr sein kann. Die Tatsache, dass eine Handlung Schmerz verursachen wird, ist ein Grund, sie nicht auszuführen; doch nach dieser Auffassung ist dies nicht wahr gewesen, bevor es im Universum Leben gab. Ich würde aber noch weiter gehen und sagen, es ist nicht wahr gewesen, bevor es Geschöpfe gab, die fähig waren, den allgemeinen Begriff eines geistigen Zustands wie Schmerz zu erfassen, der entweder von ihnen selbst oder von anderen Lebewesen erlebt werden konnte – kurz gesagt, der Begriff eines anderen Geistes. Das ist eine notwendige Bedingung dafür, dass ihnen der Grund zugänglich ist und deshalb für sie Geltung haben kann.

Wir können etwas Ähnliches beobachten, ohne in die ferne Vergangenheit zu schweifen, wenn wir bedenken, was es in der Gegenwart sinnvoll erscheinen lässt, von Geschöpfen zu behaupten, sie hätten nicht die Stufe der Rationalität erreicht, die nötig ist, um Zugang zu bestimmten Gründen zu haben. Zugvögel fliegen zum Überwintern in den Süden, tun das allerdings nicht aus Gründen der Klugheit – weil sie erfrieren oder verhungern könnten, wenn sie da bleiben, wo sie sind. Sie haben solche Gründe nicht. Wir können von einem Menschen sagen, er habe Gründe, jetzt etwas zu tun, weil er sonst in der Zukunft leiden oder sterben wird – und wir können dies selbst dann sagen, wenn er die prädiktive Konditionalität nicht kennt, da er sie immerhin noch kennenlernen könnte und den Grund einsehen könnte, den sie ihm verschafft. Er hat die notwendige Vorstellung von seinem zukünftigen Selbst und die Fähigkeit zur klugen Rationalität, die daraus hervorgeht. Ein Geschöpf hingegen, dem es an dieser Vorstellung und dieser Fähigkeit mangelt, verfügt über solche Gründe unter objektiv vergleichbaren Umständen nicht. Ich glaube, es wäre ein Fehler zu behaupten, dass es für ein solches Geschöpf Gründe gibt, klug zu handeln, dass es aber unfähig ist, sie zu würdigen. Die Fähigkeit dieser Geschöpfe, sie zu würdigen, ist im Prinzip eine notwendige Bedingung ihrer Existenz. Das ist einfach eine Konsequenz der Natur von normativer Wahrheit.

Dasselbe ließe sich von Geschöpfen wie uns sagen, die sich erst allmählich zu rationalen Wesen entwickeln. Bei unserer Geburt haben wir keinerlei Gründe irgendwelcher Art, und erst im Laufe der Zeit entwickeln wir die Vorstellungen von uns selbst, von der Zukunft, von den Folgen unserer Handlungen und von der Wirklichkeit anderer Personen, die wir brauchen, damit uns auch nur die elementarsten Klugheitsgründe und moralischen Gründe zugänglich werden. Die Einzelheiten des Prozesses, durch den Kinder zu Erwachsenen werden, für die der Gehalt der Moral in vollem Umfang gilt, sind kompliziert, hochinteressant und von größter Wichtigkeit, und ich werde zu diesem Thema später noch mehr zu sagen haben.

Wie in anderen Bereichen, wo die Ontogenese die Phylogenese nochmals durchläuft, muss sich unsere Spezies im Zuge ihrer Geschichte, ausgehend von dem moralischen Äquivalent zur frühen Kindheit über die Entwicklung von Vorstellungen und von Denkformen, weiterentwickelt haben, wobei die Vorstellungen und

Denkformen allmählich Klugheitsgründe und Moral zugänglich machten und dafür sorgten, dass wir solche Gründe hatten.

Nun könnte man fragen, ob dies wirklich als eine Form des Realismus für den normativen Bereich beschrieben werden kann. Wenn ich behaupte, dass die Zugänglichkeit eines Grundes oder dessen Erkennbarkeit durch ein Individuum eine notwendige Bedingung dafür ist, dass ein Grund für dieses Individuum Geltung besitzt, mache ich die Gründe dann nicht auf eine Weise geistabhängig oder reaktionsabhängig, wie sie mit dem Realismus unvereinbar ist? Meine Antwort lautet, dass die Art, wie die Existenz von Gründen von der geistigen Natur desjenigen Individuums abhängt, welches die Gründe hat, nicht dieselbe ist wie die Reaktionsabhängigkeit, die den Antirealismus charakterisiert. Das ist eine schmale Grenze, aber ich denke, sie lässt sich ziehen.

Wenn mein Haben eines Grundes davon abhinge, dass ich glaube oder geneigt bin zu glauben, ich hätte den Grund oder wäre geneigt, in Übereinstimmung mit ihm zu handeln, dann wäre das Antirealismus. Es würde darauf hinauslaufen, eine normative Wahrheit auf irgendeine Form von psychologischer Wahrheit zurückzuführen, anstatt ihr einen unabhängigen und irreduziblen Status zu geben. Das ist jedoch nicht das, was ich vorgeschlagen habe. Die Zugänglichkeit, die eine notwendige Bedingung dafür ist, dass ein Grund für ein Individuum Geltung hat, besteht in der Befähigung des Subjekts, zu verstehen, dass es diesen Grund hat – nicht in dessen tatsächlichem Überzeugtsein davon. Der Inhalt eines Grundes wird in jedem Fall nicht durch die Einstellungen der Person festgelegt, sondern durch die Tatsachen, die jenen Grund für jemanden erzeugen, der fähig ist, ihn zu verstehen – Tatsachen hinsichtlich der Folgen seiner Handlungen für andere zum Beispiel. Genau deshalb, weil ein solches Verständnis bestimmte Vorstellungen und Denkfähigkeiten verlangt, gilt der Grund für eine Person nicht, falls sie gewisse geistige Voraussetzungen nicht erfüllt: Es ist ein Beispiel für den Grundsatz, dem zufolge ein »Sollen« ein »Können« impliziert. Dies ist eine Art der Geistabhängigkeit, von der ich glaube, dass sie mit dem Realismus vereinbar ist, weil der Grund für die Person – vorausgesetzt sie erfüllt die geistigen Voraussetzungen – gilt, ob sie ihn nun akzeptiert oder nicht.

Mein Realismus im Hinblick auf das Normative ist einfach die Auffassung, dass normative Aussagen, die besagen, dass etwas ein Grund für eine Handlung oder eine Überzeugung ist, zu den Sorten von Dingen gehören, die für sich genommen wahr sein können, ohne unter dem Aspekt irgendeines anderen Typs von Wahrheit analysiert werden zu müssen. Nichts sonst *macht* es wahr, dass es einen Grund dafür gibt, eine Handlung auszuführen, die den Schmerz lindern wird; es ist einfach wahr. Nicht alles lässt sich unter dem Aspekt von irgendetwas anderem analysieren: Welche philosophische Weltsicht man auch immer hat, es muss einige Typen von Wahrheit geben, die für sich genommen wahr sind, welche auch immer dazu zählen – geistige Tatsachen, physikalische Tatsachen, mathematische Tatsachen, soziale Tatsachen. Die meisten großen Auseinandersetzungen in der Philosophie darüber, wo denn bei dieser Suche nach den letzten Gründen die Begründungskette letztlich zum Halten kommt, sind vorbei. Ich glaube, normative Gründe sind einer dieser irreduziblen Haltepunkte. Während die Existenz eines Grundes oft einer Erklärung bedarf, wird die Erklärung stets von anderen Gründen abhängen. Die Frage, »Was *sind* Gründe?«, scheint nur dann eine Antwort zu fordern, wenn man glaubt, dass die Haltepunkte auf irgendwelche anderen Arten von Wahrheiten, wie physikalische oder psychologische oder historische Wahrheiten, beschränkt sind.[4]

Bei dem lokalen, personenabhängigen Realismus, den ich vorgeschlagen habe, gibt es ein weiteres Problem im Verhältnis zur Zeit. Ich hatte behauptet, er impliziert, dass die moralische Wahrheit nicht zeitlos ist, weil er die Existenz von Personen erfordert, für die die maßgeblichen Gründe gelten und für die sie zugänglich sind. Man könnte jedoch einwenden, wenn es heute wahr ist, dass es Unrecht ist, wenn rationale Wesen wie wir falsche Versprechen abgeben, dann ist es doch, bevor es überhaupt irgendwelche rationalen Wesen gab,

4 Die beste Erklärung und Verteidigung dieser Position ist T. M. Scanlon, *Being Realistic About Reasons*, Oxford: Oxford University Press 2014.

schon wahr gewesen, dass es in der Zukunft rationale Wesen *geben würde*, für die dieser moralische Grundsatz gelten würde. Außerdem müsste man fragen, ob es nicht selbst dann, wenn das Universum nie irgendwelche rationalen Wesen beherbergt hätte, gleichwohl wahr gewesen wäre, dass der Grundsatz und die relevanten Gründe für rationale Wesen gelten würden, *falls* es solche Wesen der geeigneten Art geben würde. Und wenn ja, würde das nicht bedeuten, dass die moralische Wahrheit letztlich zeitlos ist, so dass der moralische Fortschritt in gewisser Weise immer die Entdeckung dessen ist, was eigentlich die ganze Zeit schon wahr gewesen ist?

Das ist eine vertrackte Frage. Obwohl ich mir nicht ganz sicher bin, neige ich dazu, dies im Geiste von Aristoteles' *De interpretatione* zu beantworten. Wenn am Dienstag eine Seeschlacht stattfindet, folgt daraus, dass die am vorherigen Sonntag gemachte Aussage, »Am Dienstag wird es eine Seeschlacht geben«, tatsächlich wahr war. Was die Aussage wahr macht, ist aber das, was am Dienstag passiert, und nicht irgendetwas, was am Sonntag der Fall war. Die Wahrheit aller Aussagen im Futurum, welche die Seeschlacht voraussagen, ist schlicht eine logische Folge des Geschehens am Dienstag. Ich denke, dasselbe trifft auf die Vorhersage zu, dass es einst Personen eines Typus geben wird, für die bestimmte moralische Gründe gelten. Was noch wichtiger ist – ich denke, etwas Ähnliches trifft auf die konditionale Wahrheit zu, dass, wenn es Personen dieses

Typus gäbe, sie diese Gründe haben würden. In einem Universum, das nie rationale Wesen beherbergt hat und nie beherbergen wird, gibt es nichts, was diesen Konditionalsatz wahr machen wird. Der Konditionalsatz würde, wenn er wahr wäre, in jener möglichen Welt nur deshalb wahr sein, weil die Gründe im Licht bestimmter tatsächlicher Bedingungen in dieser Welt gelten.[5]

Dazu nur folgende Analogie: Ist es in einer möglichen Welt, in der nie Leben vorkommt, trotz allem wahr, dass Katzen, wenn es sie dort geben würde, Säugetiere wären? Ich bin mir nicht sicher. Doch wäre es so, gibt es dennoch nichts an dieser möglichen Welt, was den Konditionalsatz bewahrheiten würde. Wenn es wahr ist, dann ist die entsprechende Wahrheit einfach eine logische Folge der Tatsache, dass Katzen in der wirklichen Welt Säugetiere sind.

Zuletzt noch ein Wort zur zentralen Rolle von Gründen in dieser Erörterung. Ich habe der Fragestellung die Form einer Frage nach Handlungsgründen gegeben, weil mein Thema der moralische Fortschritt ist und weil ich glaube, dass die Antworten auf moralische Fragen nach Recht und Unrecht von solchen Gründen abhängen. Es wäre jedoch mit meinem normativen Realis-

5 Vgl. David Wiggins (in seiner Hume-Interpretation): »Die menschliche Werteskala ist zeitlos, oder (wenn Sie so wollen) sie erstreckt sich vor und zurück *in alle Zeit.*« In: *Ethics. Twelve Lectures on the Philosophy of Morality*, Cambridge, MA: Harvard University Press 2006, S. 374.

mus durchaus vereinbar, anzuerkennen, dass Gründe zumindest in einigen Fällen vielleicht nicht grundlegend sind, sondern von elementareren Werten eines anderen Typs abhängen könnten, für die die Bedingung der Zugänglichkeit keine Geltung hat. »Gut« und »schlecht« als Beurteilungen von Zuständen sind naheliegende Beispiele dafür. Vielleicht sind »Leiden ist schlecht« und »Freude ist gut« notwendige Wahrheiten,[6] die nicht unter dem Gesichtspunkt von Gründen analysierbar sind, und es ist eine normative Konsequenz dieser Wahrheiten, dass jedes rationale Wesen Grund hat, Leiden (nicht nur das eigene Leiden) beenden zu wollen und Freude zu verstetigen. Wollte man darauf bestehen, dass Gründe sogar in diesen Fällen grundlegend sind – also »gut« eben das ist, wofür es Gründe gibt, es zu fördern, und »schlecht« eben das ist, wofür es Gründe gibt, es zu verhindern –, würde dies, wenn ich mit der Zugänglichkeit als Bedingung für Gründe Recht habe, zur unerwünschten Konsequenz haben, dass vor dem Auftreten rationaler Wesen nichts gut oder schlecht war und insofern das Leiden

6 Sharon Hewitt Rawlette stellt in *The Feeling of Value. Moral Realism Grounded in Phenomenal Consciousness* (King George, VA: Dudley & White 2016) die sehr interessante Behauptung auf, das Gute und das Schlechte seien einfach phänomenologische Grundqualitäten bestimmter bewusster Erfahrungen. Freude fühlt sich gut an und Schmerz fühlt sich schlecht an. Sie ist der Meinung, dass diese Eigenschaften essentiell und untrennbar sowohl phänomenologisch als auch normativ sind und dass sie das Fundament aller Normativität bilden.

von Tieren in der prähumanen Vergangenheit nicht schlecht war.

Man könnte dieses Resultat vermeiden, indem man sagt, wenn wir jenes ferne Leiden als schlecht beschreiben, sprechen wir vom Standpunkt der Gründe, die wir in Anbetracht unserer rationalen Natur dafür hätten, dieses Leiden zu verhindern. Ich würde es aber vorziehen, pluralistischer zu sein, was den Bereich der Werte angeht, und einräumen, dass nicht alles darin auf Gründe reduziert werden kann. Vielleicht sind manche Dinge einfach an sich gut oder schlecht, und dies nicht als Folge von einigen unserer Handlungsgründe, sondern als deren Ursache. Es wird jedoch noch andere Gründe geben, die grundlegend sind, darunter viele, die für die Moral wichtig sind. Ich bin insbesondere nach wie vor davon überzeugt, dass sich die Moral nicht gänzlich oder auch nur weitgehend durch Gründe erklären lässt, die sich im konsequentialistischen Stil des Utilitarismus aus dem Guten oder dem Schlechten von Zuständen ableiten lassen.

Aber dies war nun eine lange logisch-metaphysische Abschweifung. Die moralisch interessanten Fragen zur Zeitlichkeit oder Lokalität von moralischer Wahrheit und das richtige Verständnis des moralischen Fortschritts betreffen das, was wahr ist, auf unterschiedlichen Stufen der geschichtlichen Entwicklung von wirklichen Menschen und deren Institutionen.

4.

Ich hatte die These geäußert, dass dann, wenn wir in der Zeit nur weit genug zurückschweifen, keine von den moralischen oder anderen normativen Wahrheiten, die wir heute glauben, wahr gewesen ist (ausgenommen in einem logisch abgeleiteten Sinne), weil die rationalen Wesen, welche die fraglichen Gründe haben könnten, nicht da waren. Lassen wir das aber beiseite und betrachten stattdessen die menschliche Vergangenheit, so wird es im Hinblick auf irgendeine neue moralische Überzeugung zu einer offenen Frage, ob sie, falls sie wahr ist, die Entdeckung von etwas ist, das schon lange Zeit wahr war – oder ob sie die Entdeckung von etwas ist, das erst in jüngerer Zeit wahr wurde, weil die relevanten Gründe nicht viel früher zugänglich waren. Lassen Sie mich diese Unterscheidung mit ein paar Beispielen veranschaulichen.

Die eindeutigsten Fälle, in denen moralischer Fortschritt die Anerkennung von etwas ist, das die ganze Zeit über wahr war, sind die Fälle, in denen eine große Ungerechtigkeit beseitigt wird. Die Gründe für den Wandel sind nicht spitzfindig und typischerweise sind sie manchen Menschen (und nicht nur den Opfern der Ungerechtigkeit) schon längst klar gewesen, selbst wenn die meisten davon keine Notiz genommen haben. Ein Beispiel dafür, das wir selbst miterlebt haben, ist der jüngste einschneidende und schnelle Wandel beim Status der Homosexualität in den meisten Ländern des

Westens. Der Wandel begann mit einer Kampagne, die dem Staat die Befugnis und Rolle absprach, Maßstäbe für persönliche Moral zu erzwingen – im Gegensatz zur Verhinderung eines Verhaltens, das andere schädigt –, indem man argumentierte, dass freiwilliges Sexualverhalten eine private Angelegenheit ist. Dieses Argument verzichtete bewusst darauf, denjenigen, die Homosexualität für unmoralisch hielten, eine Meinungsänderung abzuverlangen: Es forderte sie nur auf, das Recht nicht dafür zu gebrauchen, ihre Meinung durchzusetzen. Die Strategie war bei der Entkriminalisierung homosexuellen Verhaltens einigermaßen erfolgreich, aber der Appell an die reine Tolerierung war nicht zufriedenstellend und geriet durch die Bewegung für die Rechte von Schwulen und die massive Weigerung von Homosexuellen, sich noch länger zu verstecken, in die Kritik. Die Ansicht, dass an der Homosexualität eigentlich nichts falsch ist, verbreitete sich trotz des Widerstands einiger Religionsgemeinschaften außerordentlich schnell und wurde nach dem Aufbruch aus der Heimlichkeit auch von der Entdeckung getragen, dass fast jeder Freunde, Verwandte und Kollegen hatte, die schwul waren und nicht als moralisch Geächtete betrachtet werden konnten. Heterosexuelle, die von einer homophoben Kultur geprägt worden waren, konnten sich erstaunlicherweise rasch umstellen und waren imstande, das erotische Leben von Homosexuellen, das zuvor nicht ohne Angst und Abscheu vorstellbar war, als eine andere Form menschlicher Liebe anzuerkennen. Die jungen Menschen, die in dem neuen Klima erwachsen wurden, konnten die alten Tabus oft nicht einmal mehr verstehen.

Dies ist ein Fall von moralischem Fortschritt, der die alte Sichtweise völlig unglaubwürdig machte. Die biologische Funktion von Sex als Mittel zur Fortpflanzung lieferte keinen Grund, sexuelles Begehren, das nicht zur Fortpflanzung beitragen konnte, zu verurteilen oder als beschämend zu empfinden, und die Gründe für individuelle Freiheit und persönliches Glück, die dagegen sprachen, die Erfüllung eines solchen Begehrens zu verhindern, waren übermächtig. Die Unterdrückung der Homosexualität war die ganze Zeit falsch gewesen, und der Fortschritt in der moralischen Meinung zollte dem schlicht Anerkennung. Der entscheidende Punkt ist, dass die Gründe gegen die Unterdrückung im Prinzip schon lange Zeit gemeinhin zugänglich waren, auch wenn die meisten Menschen durch ihre Ignoranz und soziale Konditionierung daran gehindert wurden, sie anzuerkennen. Dies zeigt sich an der Schnelligkeit, mit der solche Gründe von Millionen Menschen akzeptiert wurden, sobald die Hemmnisse beseitigt waren, ohne dass ein allmählicher Wandel über Generationen hinweg notwendig gewesen wäre.

Natürlich hängt der Zugang zu diesen Gründen von der Fähigkeit ab, die Freiheit und das Glück von Individuen, gleichgültig, wer sie sind, als relevante Werte für die Rechtfertigung moralischer Anforderungen anzuerkennen. Diese Fähigkeit war nicht immer vorhanden, ich vermute jedoch, dass sie recht alt ist und der Entwicklung der modernen säkularen Moral beträchtliche Zeit vorausging. Sie war sicherlich lange vor der jüngsten Revolution in den Einstellungen zur Homosexualität verfügbar.

Es ist möglich, dass die nächste Stufe der Reform, die Legalisierung der gleichgeschlechtlichen Ehe, ein Beispiel für den zweiten Typ des moralischen Fortschritts ist – für einen Fortschritt zu einer bestimmten geschichtlichen Zeit, dessen Identifizierung als Fortschritt von Gründen abhängt, die nicht sehr viel früher hätten existieren und anerkannt werden können, bevor das Thema im Zusammenhang mit der Emanzipationsbewegung der Schwulen aufkam, die dem voranging. Ich werde diese Frage allerdings nicht aufgreifen und werde stattdessen den zweiten Typ des Fortschritts mit einem anderen Beispiel erläutern, nämlich dem der Freiheit der Meinungsäußerung.

Während in den heutigen demokratischen Gesellschaften keine Einigkeit darüber herrscht, welche Grenzen von was genau geschützt werden sollten, herrscht allgemeine Übereinstimmung in dem Punkt, dass die Autorität des Staates, das einzuschränken, was gesagt oder publiziert werden kann, sehr begrenzt ist. Das präsumtive Recht auf freie Meinungsäußerung kann nur in Ausnahmefällen und aus einer eng gefassten Reihe von Gründen missachtet werden – nie bloß deshalb, weil man glaubt, die Vorteile dieses Vorgehens würden den Schaden überwiegen. Diese spezifische moralische

Überzeugung hinsichtlich der Grenzen dessen, was die Regierung mit ihrer Macht über das Individuum anfangen darf, ist die Folge einer generelleren Vorstellung, die das Verhältnis zwischen dem Staat und dessen Bürgern betrifft, nämlich die Vorstellung, dass eine Regierung nur dann legitim ist, wenn ihre Autorität von Staatsbürgern anerkannt werden kann, die sich gleichzeitig als autonome, rational Handelnde betrachten.

Es handelt sich dabei um eine Vorstellung von Volkssouveränität, deren institutionelle Verkörperung die Verantwortlichkeit von Inhabern staatlicher Macht gegenüber den Staatsbürgern ist, auf deren Zustimmung in demokratischen Wahlen sie angewiesen sind. Das wiederum erfordert, dass deren Zustimmung nicht durch die Ausübung dieser staatlichen Macht manipuliert wird, indem man kontrolliert, was die Bürger hören und lesen dürfen. Es gibt also einen direkten Zusammenhang zwischen einer modernen Konzeption von politischer Legitimität und der Anerkennung eines Rechts auf freie Meinungsäußerung. Dieses Recht endet allerdings nicht bei der politischen Rede: Die Vorstellung von Staatsbürgern als autonomen, rationalen Handelnden führt zu einer großzügigen Auslegung der Bandbreite des geschützten Ausdrucks und außerdem zu einem allgemeineren Widerstand gegen Eingriffe des Staates in die individuelle Autonomie.

Deshalb wurde die Anerkennung eines starken Rechts auf freie Meinungsäußerung meines Erachtens erst in der Moderne zugänglich und ist darum ein Beispiel für den zweiten Typ des moralischen Fortschritts – und eben nicht für die Entdeckung einer moralischen Wahrheit, die immer schon wahr war. In vormodernen Zeiten war sie nicht verfügbar und daher auch nicht anwendbar, weil die Gründe dahinter nur denjenigen verständlich sind, die die Vorstellung von politischer Legitimität, von der die Gründe abhängen, von innen heraus verstehen. Jemand, der glaubte, die Autorität der Herrscher beruhe auf einer göttlichen Quelle oder auf einem dynastischen Recht, oder der wie Hobbes glaubte, jene Regenten, die über ein Gewaltmonopol verfügten, seien der einzige Schutz vor den Schrecken der Anarchie und verdienten daher unsere Treue, so jemand wäre nicht imstande, diese Form von Beschränkung zu verstehen, die mit der Ausübung ihrer Macht begründet wird. Ein solcher präliberaler Untertan könnte zwar an den gesetzlichen Einschränkungen der Meinungsäußerung etwas auszusetzen haben und das damit begründen, dass sie schlechte Folgen hätten oder auf falschen Überzeugungen beruhten, aber er wäre nicht in der Lage, sie deshalb zu kritisieren, weil sie sich auf Rechtfertigungen stützen, welche die Akzeptanzwürdigkeit des Staates durch autonome Subjekte untergraben.

Mit anderen Worten, ich behaupte, dass man bereits zu einem modernen Verständnis der Bedingungen von politischer Legitimität und der Autonomie des Individuums im Verhältnis zum Staat gelangt sein muss, um Gedankengänge vollziehen zu können, die es einem erlauben zu erkennen, was dies im Hinblick auf die freie Meinungsäußerung mit sich bringt. Das ist moralischer Fortschritt, und er sollte realistisch verstanden werden – das heißt als die Entdeckung objektiver Gründe dafür, dieses neue Prinzip zu übernehmen. Die Gründe existierten allerdings nicht immer, weil die Bedingungen für ihr Verständnis nicht immer schon gegeben waren.

Es gibt einen natürlichen Einwand gegen diese Behauptung: Könnte nicht jemand mit hoch entwickelten rationalen Fähigkeiten, der zu Zeiten von Heinrich VIII. in England lebte – Thomas Morus zum Beispiel –, zu der Einsicht gekommen sein, dass es dem Regime an legitimer politischer Autorität mangele, weil dessen Autorität nicht von Bürgern anerkannt werden konnte, die sich als gleiche, autonome und rationale Handelnde verstanden? Und hätte er dann nicht so weit gehen können, den Schluss zu ziehen, dass eine Regierung, die in dem Sinne legitim wäre, nicht die Autorität besitzen würde, die Freiheit der Meinungsäußerung aus konsequentialistischen Gründen einzuschränken (so dass Morus' eigene Verfolgung von Häretikern unzulässig wäre)?

Nein, ich denke nicht. Solche Gedanken hängen nicht nur von dem Gebrauch eines universellen Vermögens der Vernunft ab, sondern verlangen auch, dass der Denker eine Vorstellung vom Verhältnis des Individuums zum Staat haben muss, die von den tatsächlichen geschichtlichen Entwicklungen und von der Lebenserfahrung unter Institutionen geprägt ist, welche eine weltliche Autorität der fraglichen Art verlangen. Thomas Morus focht die Autorität des Königs selbstverständlich an, aber nur auf der Grundlage einer höheren Autorität – nicht im Licht eines Status von jemandem, der zu den autonomen, rationalen Handelnden gehört, denen die Regierung verantwortlich ist. Ich meine auch, Morus hätte zu der Erkenntnis gelangen können, dass seine eigene Verfolgung von Häretikern falsch war – durch die Einsicht, dass seine Gründe für Gewissheit in Glaubensdingen unzureichend waren und nicht rechtfertigen konnten, Menschen auf den Scheiterhaufen zu schicken. Die liberale Konzeption von Freiheit der Meinungsäußerung lag jedoch außerhalb des Bereichs seiner Vorstellungen – und natürlich außerhalb der Vorstellungskraft seiner weniger scharfsinnigen Zeitgenossen.

In gewisser Hinsicht gestehe ich Bernard Williams einen kritischen Punkt zu, den er mit Blick auf die universalistischen Ansprüche des politischen Liberalismus gegen mich vorgebracht hat – obwohl ich den »Relativismus der Distanz«, den er als Alternative favorisierte, nicht akzeptiere. Williams hat unvergesslich humorvoll formuliert:

> Muss ich mir beim Urteilen vorstellen, alle Abschnitte der Geschichte aufzusuchen? Natürlich kann man sich vorstellen, man sei Kant am Hofe von König Artus, kann die Ungerechtigkeiten dort missbilligen,

> doch wie genau bekommt man damit das eigene ethische Denken in den Griff?
>
> Ist es eigentlich wirklich plausibel, dass man diese imaginäre Reise nur mit dem Minimalgepäck der Vernunft unternimmt? Beachten wir nur einmal die bemerkenswerte Tatsache, dass damals niemand über die liberale Weltanschauung verfügte, so muss der Zeitreisende in Sachen Ethik implizit die historische Erfahrung mitnehmen, die ihn zu dem Liberalen machte, der er ist, und diese Erfahrung gehört nicht zu dem Ort, den er aufsucht.[7]

In Anerkennung dieses Punkts lege ich eine Konzeption des Verhältnisses zwischen moralischem Realismus und moralischem Fortschritt vor, die eine objektive Existenz der Gründe für einen positiven Wandel in der moralischen Anschauung nur zu der Zeit erfordert, in der dieser Wandel erfolgt. Manchmal wird der Fortschritt infolge der Anerkennung von Gründen erfolgen, die schon lange Zeit ohne Anerkennung existierten, allerdings nicht immer. Der Anspruch, es gäbe einen moralischen Fortschritt, beruht im Grunde genommen auf einem moralischen Vergleich zwischen zwei verfügbaren Alternativen und nicht auf einem Vergleich dieser beiden Alternativen mit irgendeiner unabhängigen

7 Bernard Williams, Rezension von *The Last Word* von Thomas Nagel, in: *New York Review of Books* (1998); wiederabgedruckt in: Williams, *Essays and Reviews 1959-2002*, Princeton: Princeton University Press 2014, S. 384.

moralischen Realität. Die Frage lautet, »Welche Richtung sollen wir von hier aus einschlagen?«, und man kann ebenso sehr Realist sein, was die entstehenden moralischen Gründe wie die zeitlosen moralischen Gründe angeht.

5.

Gegenwärtig sind wir mit schwierigen moralischen Problemen auf den Gebieten der sozioökonomischen Ungleichheit, der globalen Gerechtigkeit und der biomedizinischen Politik sowie bei der Klärung unserer Verpflichtungen gegenüber zukünftigen Generationen konfrontiert. Ich glaube, ein philosophisches Verständnis von moralischem Fortschritt wird uns helfen, über die Zukunft nachzudenken, und wird uns erlauben, eine angemessen kritische Haltung zu den Überzeugungen einzunehmen, die zurzeit gefestigt erscheinen mögen. Um aber die von mir vorgeschlagene Bedingung der Zugänglichkeit für die moralische Wahrheit weiter zu erforschen, wird es hilfreich sein, ein wenig mehr über die Vergangenheit zu sagen.

Ein Unvermögen, der Zugänglichkeitsbedingung gerecht zu werden, ist manchmal, wie bei Tieren und Kindern, auf die biologischen Voraussetzungen der Individuen oder auf die natürlichen Voraussetzungen in diesem Stadium ihres Lebens zurückzuführen. Und es ist durchaus möglich, dass sich die biologische Natur der Menschen in der Zukunft weiterentwickeln wird, so dass ihnen der Zugang zu neuen Formen des praktischen Denkens und der Moral eröffnet wird. Ich bin hier aber an den Unterschieden der Zugänglichkeit interessiert, die dem geschichtlichen und ideellen Wandel geschuldet sind. Um auf das Beispiel der Meinungsfreiheit zurückzukommen: Es ist offensichtlich, dass Thomas Morus nicht biologisch daran gehindert war, die liberale Vorstellung von politischer Legitimität zu erkennen. Was ihm fehlte, war die historische Erfahrung der konstitutionellen Demokratie und Volkssouveränität und die beide prägende Vorstellung von einem autonomen Individuum. Wie Williams erklärt, sind Urteile, welche von Personen stammen, die unter solchen Institutionen gelebt haben, nicht der Ausdruck einer gänzlich allgemeinen praktischen Vernunft, mit deren Gebrauch man von jedem historischen Standpunkt aus zu demselben Ergebnis kommen könnte.

Es gibt also einen klaren Sinn, in dem die Moralprinzipien, die mit der liberalen konstitutionellen Demokratie verbunden sind, Thomas Morus nicht zugänglich waren. In einem anderen, schwächeren Sinn könnte man sagen, sie waren zugänglich: Seine kognitiven Fähigkeiten waren vermutlich so ausgeprägt, dass er die Moralprinzipien verstanden haben könnte, wenn man ihn in die Gegenwart versetzt hätte, ihm diese Prinzipien dann erklärt und er die Möglichkeit gehabt hätte, ihre Funktionsweise zu beobachten. Nach der von mir vorgeschlagenen Auffassung reicht dieser Zugang allerdings nicht dafür aus, dass die Prinzipien für ihn gelten dürfen.[8]

Lassen Sie mich zu einem radikaleren Beispiel kommen, das wiederum von Bernard Williams angestoßen wurde – dem der antiken Sklaverei. Die heutige Verurteilung der Sklaverei als ein Paradigma für Ungerechtigkeit wird normalerweise als eine zeitlose moralische Wahrheit angesehen: Die Sklaverei war ungerecht, solange sie existierte, und es ist schwer zu verstehen, wie überhaupt jemals irgendwer anders denken konnte. Schaut man auf die Versklavung von Afrikanern in Nord- und Südamerika im 17., 18. und 19. Jahrhundert, liegt es offenbar auf der Hand, dass die Gründe für ihre Ungerechtigkeit von Anfang an zugänglich waren und dass die allmähliche Stärkung des abolitionistischen Gedankens als eine vermehrte Anerkennung dessen be-

8 Ich sollte eine natürliche Alternative zu meiner Sicht erwähnen, nämlich dass die stärkere Bedingung für die Zugänglichkeit, die ich favorisiere, keine Bedingung für die Anwendung moralischer Grundsätze auf ein Individuum ist, sondern nur eine Bedingung dafür, dem Individuum deren Missachtung vorhalten zu können. Nach dieser Auffassung traf das liberale Prinzip der freien Meinungsäußerung auf Morus zu (da er nicht kognitiv unfähig war, es zu verstehen), so dass es nicht richtig von ihm war, es nicht zu achten. Da ihm aber das Prinzip geschichtlich betrachtet nicht zugänglich war, kann man ihm diese Nichtbeachtung nicht zum Vorwurf machen. Obwohl ich zugebe, dass dies eine mögliche Position ist, lehne ich sie ab, weil das Urteil des Unrechts aus meiner Sicht von Gründen für ein Handeln abhängt, die Morus in der Welt, wie sie war, nicht hatte. Ich gebe zu, dass die Wahl zwischen diesen beiden Alternativen nicht auf der Hand liegt.

trachtet werden kann, was immer schon die moralische Wahrheit war. Überraschenderweise ist das jedoch im Fall der antiken Sklaverei weniger offenkundig. In Kapitel 5 von *Scham, Schuld und Notwendigkeit* erörtert Williams die Einstellungen zur Sklaverei im antiken Griechenland und fragt, »inwieweit hängt unsere Ablehnung dieser Institution [...] von modernen Deutungsmustern ab, Deutungsmuster, die in der antiken Welt dementsprechend noch keine Rolle spielten?«.[9] Williams schreibt dazu:

> Die Griechen kannten die Institution des Leibeigentums, und die ganze Organisation ihres Lebens setzte diese Institution zweifellos voraus. (Es ist eine ganz andere Frage, ob sie die Sklaverei im Sinne einer abstrakten ökonomischen Notwendigkeit brauchten; es geht vielmehr darum, daß sie sich vor dem Hintergrund des von ihnen Erreichten kein Leben vorstellen konnten, das ohne die Einrichtung der Sklaverei all das zu bewahren in der Lage sein sollte, was wertvoll für sie war.)[10]
>
> In den Augen der meisten Leute war die Sklaverei nicht gerecht, aber notwendig. Da sie notwendig war, war sie als Institution auch nicht ungerecht; hätte man das gesagt, dann hätte man idealerweise für ihre

9 Bernard Williams, *Shame and Necessity*, Berkeley u. a.: University of California Press 1993, S. 106; dt. *Scham, Schuld und Notwendigkeit. Eine Wiederbelebung antiker Begriffe der Moral*, Berlin: Akademie Verlag 2000, S. 123.

10 Ebenda, S. 130.

Abschaffung plädieren müssen, was sich wiederum nur wenige vorstellen konnten.[11]

Einzig Aristoteles griff die Frage auf, und er versuchte zu zeigen, dass Sklaverei gerecht sei, was Williams zu der Bemerkung veranlasst, »wenn es etwas Schlimmeres gibt als die Akzeptanz der Sklaverei, dann ist es ihre Rechtfertigung«.[12]

Das andere Element in der gängigen griechischen Einstellung zur Sklaverei neben der Notwendigkeit war das Glück. Man gab zu, dass, Sklave zu sein, ein verhängnisvolles Unglück sei, dessen Willkürlichkeit offensichtlich war, weil ein schlechtes Los im Krieg oder Piraterie im Prinzip bei jedem dazu führen konnte, Sklave zu werden, falls man in die falschen Hände fiel. Die Vorstellung von Sklaverei als einer notwendigen Institution und die Vorstellung von Pech als dem bestimmenden Faktor dafür, wer das unglückliche Schicksal erleidet, unter dieser Institution ein Sklave zu sein, verbanden sich der Interpretation von Williams zufolge bei den meisten Griechen zu einer Sperre, die sie daran hinderte, über Gerechtigkeit oder Ungerechtigkeit der Versklavung nachzudenken. Die beiden Begriffe nahmen die Frage nach der Gerechtigkeit von Sklaverei sozusagen vom Tisch. Genau dies ist die Stelle, wo zwischen unseren Moralvorstellungen und denen der Griechen eine Kluft liegt, stellt Williams fest:

11 Ebenda, S. 135.
12 Ebenda, S. 129. [Übers. leicht geändert, K.W.]

> Anders als bei den Griechen besitzen diese Vorstellungen [Notwendigkeit und Glück, Th. N.] bei uns offensichtlich keine Gültigkeit mehr, so daß wir auch die Sklaverei nicht akzeptieren können. Aber wir wenden diese Vorstellungen ausgiebigst auf unsere soziale Erfahrung an und sorgen insofern dafür, daß sie in der modernen Welt noch immer eine große Rolle spielen. Der eigentliche Unterschied zwischen modernen, liberalen Ideen und der Sichtweise der Griechen liegt in dieser Hinsicht ganz woanders: Der Liberalismus verlangt – oder, um es realistischer zu sagen: hofft –, daß Vorstellungen der Notwendigkeit und des Glücks nicht *an die Stelle* von Gerechtigkeitsüberlegungen treten. Wenn schon die Lage eines Individuums in der Gesellschaft durch die Gewalt ökonomischer und kultureller Notwendigkeiten und durch das Glück oder Unglück dieses einzelnen bestimmt wird, und wenn es insbesondere diese Elemente sind, die auch das Maß bestimmen, in dem jemand (auf effektive, wenn nicht gar offene Weise) der Gewalt eines anderen untersteht, dann hofft man wenigstens, daß all das im Rahmen von Institutionen geschieht, die für die Gerechtigkeit dieser Prozesse und ihrer Resultate sorgen.[13]

Das ist sehr überzeugend, aber zeigt es denn wirklich, dass die Vorstellungen, die uns dazu bringen, Sklaverei als ungerecht zu verurteilen, »in der antiken Welt nicht

13 Ebenda, S. 148 f.

verfügbar waren« – so dass das, was heute wahr ist, nicht immer schon wahr war?

Es sieht so aus, als sei die Vorstellung von Gerechtigkeit als allumfassender Wert, der in Anbetracht seiner Auswirkung auf das Leben der Menschen für die gesamte soziale, wirtschaftliche und rechtliche Struktur einer Gesellschaft gilt, eine verhältnismäßig junge Erfindung. Gleichwohl würde man meinen, dass ein eher eng gefasstes Gefühl für die Unfairness im individuellen Verhältnis zwischen Herr und Sklave, das durch eine gewaltige und unverdiente Ungleichheit von Macht und Lebensqualität charakterisiert ist, jedem verfügbar gewesen wäre, der imstande war, sich an die Stelle eines anderen zu versetzen. Oder ist dies bloß die Projektion einer universalistischen Idee in die Vergangenheit – die Ansprüche der Humanität an sich –, die den Griechen als Grund dafür, eine fundamentale soziale Institution anzuklagen, unverfügbar gewesen wäre?

Ich halte es nicht für glaubwürdig, dass ihnen eine solche Idee unzugänglich war. Und wenn die Griechen in der Lage waren zu erkennen, dass die Interessen der Menschen als solche überhaupt irgendeinen Wert besitzen, dann hätten sie auch erkennen können, dass die erdrückende Macht der Herren über Sklaven in ihrer Gesellschaft so groß war, dass irgendetwas daran falsch sein musste – selbst wenn sie sich ohne diese Macht keine praktikable Sozialstruktur vorstellen konnten. Dieser Typ des aufkeimenden moralischen Unbehagens ist ein wichtiger Faktor in der Entwicklung des moralischen und politischen Denkens, und das ist heute noch so. Williams mag Recht haben damit, dass die moderne Vorstellung von Gerechtigkeit als einer universellen Tugend sozialer Institutionen, der zufolge Sklaverei offensichtlich ungerecht ist, den Griechen nicht verfügbar oder zugänglich war. Es ist allerdings schwer zu glauben, sie hätten keinen Zugang zu dem Gefühl gehabt, dass die Sklaverei etwas Widerwärtiges hatte, etwas, das ihnen eine Anstrengung der moralischen Vorstellungskraft abverlangte, sich Alternativen für ihre Lebensform einfallen zu lassen, anstatt sie als unveränderlich hinzunehmen.

Die zugänglichste Form einer solchen Einsicht, ausgedrückt als moralisches Prinzip, wäre die Anerkennung eines universellen Anspruchs gewesen, der die elementarste Form individueller Autonomie zuerkennt. Dies würde bedeuten, dass es bestimmte Formen absoluter Beherrschung und des Entzugs der Kontrolle über das eigene Leben gibt, denen niemand unterworfen werden sollte. Es würde allerdings kein allgemeineres Erfordernis der Gleichbehandlung oder unparteilicher Betrachtung beinhalten und hätte deshalb für jeden mit einer robusten zwischenmenschlichen Vorstellungskraft durchaus viel früher zugänglich sein können – sogar in der antiken Welt. Vielleicht war die Verteidigung der Sklaverei durch Aristoteles mit der Begründung, sie sei gerecht, weil manche Menschen von Natur aus unfähig seien, über sich selbst zu bestimmen, ein Zeichen dafür, dass er für den Appell einer solchen universellen

Norm gar nicht unempfänglich war und einen Weg finden musste, sich dem zu verweigern.

6.

Ich sagte vorher schon, dass es zwei sehr verschiedene Arten gibt, den moralischen Fortschritt zu verstehen, die auf unterschiedlichen Vorstellungen der Struktur der Moral beruhen. Die eine Konzeption sieht den Fortschritt aus der allmählichen Anerkennung und Anwendung eines einzigen zeitlosen normativen Prinzips hervorgehen, wie etwa dem eines unparteilichen Wohlwollens. Die andere sieht den Fortschritt als die schrittweise Entwicklung eines pluralistischen Systems von Normen und Werten, von denen manche erst verfügbar werden, nachdem frühere Stadien sowohl normativ als auch institutionell durchlaufen wurden. Mein Ansatz gehört zu der zweiten Art. Doch ganz gleich welchen Ansatz man vorzieht, es ist klar, dass die menschliche Moral eine Geschichte hat, und die zwei Arten der Darstellung werden vermutlich mit einer gemeinsamen Erzählung über deren Anfänge beginnen.

Die notwendigen Mindestbedingungen für eine spezifisch moralische Form der praktischen Vernunft sind die Fähigkeiten, (1) Handlungsgründe zu erkennen, die in gleicher Weise für einen selbst und andere gelten, (2) etwas dagegen zu haben oder sich zu entrüsten, wenn andere nicht in Übereinstimmung mit diesen Gründen handeln, (3) die Einwände von anderen anzuerkennen, wenn man selbst nicht in Übereinstimmung mit diesen Gründen handelt, und (4) ein solches Versagen von eigener Seite mit so etwas wie Schuld einzugestehen. Diese Bedingungen können jedoch auf viele verschiedene Weisen erfüllt werden, sowohl in Hinsicht auf den Inhalt der Gründe als auch auf den Umfang der Personenklasse, für die sie zutreffen. Eine Verhaltensnorm mag erkennbar moralisch sein, ohne im Entferntesten allgemeingültig zu sein, und sie muss nichts mit dem allgemeinen Wohl zu tun haben.

Es gibt jetzt eine beträchtliche Zahl von Arbeiten über die evolutionären Ursprünge der menschlichen Moral, die zwar spekulativ sind, teilweise aber auf der empirischen Beobachtung des Sozialverhaltens von Menschenaffen basieren. Die biologische Erklärung des Altruismus gegenüber nahen Verwandten liefert einen Ansatzpunkt, doch es gibt auch Belege für angeborene Dispositionen, die nicht verwandtschaftsabhängig sind und ein kooperatives Verhalten ermöglichen, das mit kollektiver Ächtung von Trittbrettfahrern oder Missachtern nützlicher Normen verbunden ist. Dass solche Dispositionen beim Menschen die Folge der biologischen und nicht nur der kulturellen Evolution sind, lässt sich durch ihr Vorkommen bei sehr kleinen Kindern in den ersten Lebensjahren nachweisen.

Diese proto-moralischen Dispositionen steuern allerdings die Interaktionen vertrauter Individuen untereinander, entweder bei Paaren oder in kleinen Gruppen. Sie erstrecken sich nicht auf die Beziehungen zu Außenstehenden, geschweige denn auf eine Reihe universeller Normen. Doch selbst wenn man die Frage nach der Allgemeingültigkeit beiseitelässt, muss etwas mehr hinzukommen, damit diese Dispositionen moralische Maßstäbe hervorbringen, wie beschränkt deren Geltungsbereich auch sein mag. Sie müssen sich von bloßen Dispositionen zu Normen entwickeln – zu Regeln oder Maßstäben, deren Gültigkeit sogar dann fortbesteht, wenn sie missachtet werden und wenn sie, bis zu einem gewissen Grad, nicht anerkannt werden. Und dies bedeutet, dass die Menschen, als sie neue kognitive und motivationale Fähigkeiten entwickelten, auch mit neuen Fragen danach konfrontiert wurden, was sie glauben sollten, was sie wollen sollten und was sie tun sollten, Fragen, auf die es richtige und falsche Antworten gab – Antworten, die sie verstehen konnten und die spezifischer angaben, wofür sie in Anbetracht ihrer Fähigkeiten Grund hatten, es zu glauben, zu wollen oder zu tun.

Die früheste, prähumane Entwicklung war vermutlich der Übergang von der konditionierten Reaktion, die durch früher gemachte Erfahrungen ausgelöst wird, zum induktiven Überlegen, das auf dem Gedächtnis basiert, und zum instrumentellen Überlegen, das sich auf ein Bewusstsein von künftiger Ursache und Wirkung stützt. Der Verhaltensnachweis, dass ein Lebewesen diese Übergänge gemacht hat, würde von einer Flexibilität in der Reaktion auf neue Situationen stammen, die sich nicht durch reine Konditionierung erklären lässt, wie etwa dann, wenn ein Schimpanse ein Werkzeug zu einem neuen Zweck gebraucht oder imitiert, was ein anderer Schimpanse vor ihm gemacht hat, um so ein erwünschtes Ergebnis herbeizuführen.

Ein großer Schritt, der über die instrumentelle Vernunft hinausgeht, ist die Entwicklung einer Vorstellung von der eigenen Zukunft zusammen mit der Fähigkeit, sich deren Möglichkeiten vorzustellen und sie zu beurteilen, wodurch die Grundlage für kluges Überlegen gelegt wird. Die Informationen, die durch diese kognitiven Fähigkeiten verfügbar gemacht werden, konfrontieren ein Lebewesen, das sie besitzt, mit Fragen der praktischen Vernunft, mit Fragen danach, was zu tun oder jeweils vorzuziehen ist, auf die es richtige und falsche Antworten gibt. Und die richtige Antwort hängt in jedem einzelnen Fall nicht von dem Schluss ab, den das Lebewesen tatsächlich zieht, sondern von allgemeinen, normativen Prinzipien – genauso wie es bei der induktiven, deduktiven und instrumentellen Vernunft der Fall ist. Es ist diese Kluft zwischen Wahrheit und dem faktischen Ergebnis einer kognitiven Tätigkeit, welche die Antwort normativ sein lässt anstatt bloß psychologisch, und das trotz der kontingenten Bedingung für die Zugänglichkeit der normativen Prinzipien.

Normative Grundsätze gelten nur für Wesen mit der Fähigkeit, sie zu verstehen, aber ihre Richtigkeit kann nicht unter dem Gesichtspunkt dieser Fähigkeiten definiert werden, weil die Fähigkeiten unter dem Gesichtspunkt der Grundsätze definiert werden. Wir können dies an der Tatsache erkennen, dass nicht einfach irgendeine kognitive oder praktische Veranlagung bei einem Lebewesen zu einem entsprechenden normativen Grundsatz führen würde. Das schlussfolgernde Denken, zu dem das Lebewesen fähig ist, muss richtig sein. Die Bedingung der Zugänglichkeit legt nicht den Inhalt der Normen fest. Sie bestimmt lediglich deren Geltungsbereich, indem sie die Arten von Wesen angibt, für welche die relevanten Gründe zutreffen. Die so näher bestimmten Gründe sind für sich genommen gültig und nicht auf irgendetwas anderes reduzierbar.

Die kognitiven und motivationalen Fähigkeiten, die benötigt werden, um speziell moralische Gründe zu verstehen, scheinen nur bei Menschen vorhanden zu sein, und sie sind schon bei Kindern sehr niedrigen Alters feststellbar, was auf eine angeborene Begabung schließen lässt. Ein- bis dreijährige Kinder sind imstande, gemeinsame Intentionen mit anderen auszubilden, die Absichten, Wahrnehmungen und Wünsche anderer zu verstehen und die Überzeugungen anderer im Hinblick auf ihre eigenen Absichten und Wahrnehmungen zu verstehen. Sie neigen dazu, bei vereintem Handeln zur Erlangung eines Vorteils auch eine gleiche Aufteilung des Ergebnisses gutzuheißen. Sie sind motiviert, sich anderen hilfsbereit zu zeigen, und reagieren positiv auf andere, die Dritten gegenüber hilfsbereit sind, und sie reagieren negativ auf diejenigen, die anderen schaden.

Nicht viel später folgen auch die Fähigkeiten, sich selbst als ein Individuum unter anderen zu sehen, soziale Normen anzuerkennen, die generell für die Gruppe gelten, der man angehört, Verstöße dagegen zu missbilligen und auf die eigenen Versäumnisse, andere korrekt zu behandeln, mit so etwas wie Schuldbewusstsein zu reagieren.[14]

7.

Wie kommen wir von diesen bescheidenen zwischenmenschlichen Anfängen zu der komplexen modernen Moral von politischer und sozialer Gerechtigkeit, den Rechten des Einzelnen, den kollektiven Verpflichtungen, humanitären Standards und so weiter, mit ihren universellen Bestrebungen, ihrem globalen Geltungsbereich und teils unpersönlichem Charakter? Obwohl die Begriffe dieser Moral umstritten sind, ist es nicht ungenau, denke ich, wenn man von ihr im Singular spricht – das heißt, wenn man sie als eine Reihe zusammenhängender Fragen mit einer Palette möglicher Antworten auffasst, die unter den Mitgliedern der riesigen modernen moralischen Gemeinschaft debattiert werden.

14 Zu einer ausgezeichneten Darstellung der Forschung auf diesem Gebiet, zu Menschen und anderen Primaten, siehe Michael Tomasello, *Eine Naturgeschichte der menschlichen Moral*, Berlin: Suhrkamp 2016.

Die Entwicklung ist zum Teil auf den »expandierenden Kreis«[15] der Sorge zurückzuführen, der über die unmittelbare soziale Einheit hinausreicht, um schließlich die gesamte Menschheit und sogar andere Geschöpfe einzuschließen. Um eine vollständige Darstellung der normativen Grundlage des moralischen Fortschritts abzugeben, würde dies jedoch nur dann ausreichen, wenn ein unparteiliches Wohlwollen die Basis für die gesamte Moral wäre, einschließlich jener komplexen Anforderungen und Berechtigungen, die ihrer Form nach – auf der Oberfläche – nicht konsequentialistisch sind. Die utilitaristische Tradition hat durch die konsequentialistische Rechtfertigung der verschiedenen Regeln, Praktiken, Konventionen, Dispositionen und Institutionen, in denen die heutige säkulare Moral verkörpert ist, eine lange und ehrwürdige Vorgeschichte von Versuchen, die gesamte Moral unter ein einziges Prinzip nach diesem Muster einzuordnen. Ihrer Darstellung zufolge ist der moralische Fortschritt im Laufe der Zeit durch die Gestaltung sozialer, politischer und ökonomischer Lebensformen zustande gekommen, die das aggregierte Allgemeinwohl voranbringen.

Wenn dies die korrekte Darstellung des moralischen Fortschritts wäre, dann wäre die normative Bedingung für den Zugang zu jedweder moralischen Wahrheit erfüllt worden, als Menschen zum ersten Mal in der Lage

15 Die Formulierung stammt von Peter Singer; siehe Singer, *The Expanding Circle. Ethics and Sociobiology*, New York: Farrar, Straus & Giroux 1981.

waren zu würdigen, dass das Glück oder Leid eines jeden menschlichen Individuums, von einem unpersönlichen Standpunkt betrachtet, gleichwertig ist. Alle weiteren Bedingungen für den Zugang zu spezielleren Prinzipien wären empirischer Natur: das Wissen, welche Praktiken oder Institutionen dem Allgemeinwohl dienen oder nicht dienen würden – was zu einem langen Prozess der Entdeckung, der Erfindung und des Ausprobierens führt, bei dem man damit rechnen kann, dass er sich in der Zukunft fortsetzen wird. Ich akzeptiere diese Darstellung allerdings nicht, weil ich glaube, dass die normativen Gründe der Moral nicht einheitlich, sondern vielfältig sind: das unparteiliche Wohlwollen ist nur einer von ihnen. Wenn moralische Fragen durch Interaktion aufgeworfen und durch Übereinkunft beantwortet werden, ist eine Vielzahl persönlicher und unpersönlicher Werte im Spiel, von denen manche nur als Folge historischer Entwicklungen entstehen.

Sogar der universalisierende Schritt zu der Erkenntnis, dass die Interessen aller Menschen oder aller fühlenden Wesen objektiven Wert haben und deshalb jedem Handlungsgründe liefern, führt zu einer Reihe neuer Fragen. Denn wenn wir den unpersönlichen Wert des Glücks oder Leids aller fühlenden Wesen als eine auferlegte Leistungsnorm akzeptieren, sagt uns das längst nicht, wie diese Werte – falls sie im Widerspruch stehen – zusammenzubringen sind, damit eindeutige Gründe für ein Handeln oder eine Leitlinie daraus hervorgehen. Die unparteiliche aggregierende Maximierung ist eine Möglichkeit, aber sie ist nicht die einzige. Wenn alles, wonach wir uns richten müssen, die Grundprämisse eines universellen Werts ist, der Gründe erzeugt, das zu tun, was Glück fördert und Leid verhindert, folgt daraus strenggenommen höchstens, dass Gründe dieser Art, die entweder für oder gegen eine Handlung sprechen, dann entscheidend sind, wenn ihnen nichts entgegensteht. Sollten sie in Widerspruch geraten, erbringen sie von sich aus kein eindeutiges Ergebnis, und weitere Prinzipien müssen aufgeboten werden, um festzulegen, welches Handeln – falls überhaupt irgendeines – das richtige ist. Solche zusätzlichen Gesichtspunkte sind für einige inhaltliche Varianten bei den tatsächlich funktionsfähigen Moralprinzipien verantwortlich, die geschichtlich Anerkennung fanden und heute im Einsatz sind – darunter auch beim Utilitarismus, der von einschlägigen Prinzipien der Unparteilichkeit, Aggregierung und Maximierung des Konsequentialismus abhängig ist. (Rawls hat bekanntlich argumentiert, dass diese Antwort den Fehler mache, Interessenkonflikte zwischen verschiedenen Menschen so zu behandeln wie Interessenkonflikte im Leben einer Einzelperson.)[16]

16 John Rawls, *A Theory of Justice*, Cambridge, MA: Harvard University Press 1971, Abschnitt 5; dt. *Eine Theorie der Gerechtigkeit*, Frankfurt/M.: Suhrkamp 1979, Kap. 1.5, bes. S. 45.

8.

Lassen Sie mich eine Interpretation des moralischen Fortschritts vorschlagen, die mit einer pluralistischen Vorstellung der normativen Grundlagen von Moral im Einklang steht sowie mit der Bedingung vereinbar ist, dass moralische Anforderungen, wie objektiv sie auch sein mögen, nur für Wesen gelten, welche die Fähigkeit haben, sie zu erkennen.

Im Fall der biologischen Evolution und der individuellen Reifung – vom Hominiden zum modernen Menschen und vom Kleinkind zum Erwachsenen – ist die Notwendigkeit dieser Fähigkeit offensichtlich. Aber ich habe auch argumentiert, und das wird kontroverser gesehen, dass sich solche entwicklungsbedingten Voraussetzungen für die Anwendung moralischer Normen ebenso auf kulturelle Entwicklungen erstrecken, die nicht biologisch angeboren sind. Der moralische Fortschritt ist auf die Entwicklung von Formen des Denkens und der Rechtfertigung angewiesen, die einen Zugang zu moralischen Gründen verschaffen, welche zuvor nicht zugänglich waren. Dies entspricht der Unterscheidung zwischen der Rolle von grundlegenden Denkfähigkeiten und der Rolle von begrifflichen und empirischen Entwicklungen, wenn es darum geht, zu ermitteln, was die Menschen in verschiedenen Stadien der Geschichte des wissenschaftlichen Fortschritts glauben konnten, weil sie Grund dazu hatten – mit dem Unterschied, wie ich bereits sagte, dass der Wandel der

Gründe im Fall der Moral einen Wandel bei dem darstellt, was wahr ist, wohingegen das im Fall der Naturwissenschaft nicht so ist.

Meine Alternative zur These vom »expandierenden Kreis der Unparteilichkeit« ist, dass sich die Moral sowohl individuell als auch sozial oder politisch durch ein unentwegtes Zusammenspiel von persönlichen und unpersönlichen Gründen entwickelt hat, das Institutionen und Praktiken prägt, die dann zu neuen Fragen und neuen Gründen führen. Der Vorgang besteht in der wiederholten Suche nach einem Überlegungsgleichgewicht, wobei jedes entstandene Gleichgewicht abermals gestört und in der Folge selbst wieder überwunden wird. Ich werde das ausführen, indem ich kurz einige Beispiele für den moralischen Fortschritt auf vier Gebieten erörtern werde: (1) verfassungsmäßige Regierung und individuelle Rechte, (2) Gleichheit und umfassende soziale Gerechtigkeit, (3) sexuelle Normen und sozialer Status, (4) globale Gerechtigkeit und der Staat.

Um gleich mit dem ersten Thema zu beginnen: Mein Verständnis richtet sich gegen die Auffassung, dass die Menschenrechte zeitlos und im Grunde genommen allein durch rationale Betrachtung erkennbar sind und dass der Maßstab für die Beurteilung der moralischen Legitimität rechtlicher und politischer Institutionen darin besteht, ob sie diese präinstitutionellen Rechte schützen oder verletzen. Wie ich oben bereits sagte, mag die Idee eines universellen Anspruchs auf die elementarste Freiheit dem Grundsatz nach vielleicht sogar denjenigen zugänglich gewesen sein, die in der Welt antiker Sklaverei lebten, doch das weitreichende und differenzierte System von individuellen Rechten, welche heute in liberalen Demokratien gemeinhin anerkannt sind (obwohl ihr genauer Inhalt umstritten ist), wäre nicht vorstellbar gewesen und hätte erst recht keine Anerkennung gefunden, sondern war auf einen historischen Prozess angewiesen.

Dieser Prozess ließ sich nicht von der Entwicklung rechtlicher, politischer und wirtschaftlicher Institutionen und von den sich wandelnden Ideen über die Bedingungen ihrer Legitimität trennen. Ich hatte oben schon das Beispiel der Meinungsfreiheit diskutiert und auch erörtert, wie die Interpretation dieses Rechts von einer bestimmten Vorstellung der politischen Legitimität beeinflusst ist. Ich glaube jedoch, dass sich unser Verständnis aller wichtigen Typen von Rechten des Einzelnen – Religionsfreiheit und Gewissensfreiheit, Vereinigungsfreiheit, Unantastbarkeit der Person, Rechte auf Privatsphäre, sexuelle Freiheit – nur als Teil einer Konzeption des Verhältnisses ausbilden konnte, das zwischen dem Individuum und der kollektiven Macht des Staats besteht. Dieser Konzeption, nämlich der Volkssouveränität, wird nun in liberalen verfassungsmäßigen Demokratien, einer vergleichsweise jungen Regierungsform, institutionell Ausdruck verliehen. Es handelt sich allerdings nicht bloß um gesetzlich verankerte Rechte: In dem Maße, wie sie gesetzlich geschützt sind, geschieht dies, weil sie als Rechte anerkannt worden sind, die der Staat seinen Staatsangehörigen als eine moralische Bedingung seiner Legitimität zusichern muss.

Nehmen wir beispielsweise die Religionsfreiheit, ein unverwechselbar moderner Begriff. Das Römische Reich tolerierte einen weitreichenden religiösen Pluralismus, doch wenn es Opferungen für die offiziell anerkannten Gottheiten verlangte, hätte niemand auf den Gedanken kommen können, sich dem unter Berufung auf ein allgemeines, konfessionsneutrales Recht auf Glaubensfreiheit zu entziehen. Als sich Christen weigerten, solche Opfer darzubringen, taten sie das, weil sie glaubten, dass die wahre Religion, nämlich ihre, sie verbot; und als die Christen zu gegebener Zeit im römischen Staat an die Macht gelangten, hatten sie keine Gewissensbisse, diese zu nutzen, um andere Religionen zu unterdrücken. Erst nach den schrecklichen Religionskriegen, die auf die Reformation und den Niedergang des Glaubens an einen göttlichen Ursprung königlicher Autorität folgten, wurde den Bewohnern der christlichen Welt der Begriff eines neutralen Rechts auf individuelle Religionsfreiheit zugänglich. Unabhängig von der Idee von Begrenzungen für souveräne Autorität, die auf einer individualistischen Grundlage jener Autorität beruhen – das heißt auf ihrer Rechtfertigbarkeit gegenüber jedem Einzelnen, der ihr unterworfen ist –, hätte man dieses Recht nicht verstehen können. Deshalb ist dies ein Beispiel für ein Moralprinzip, das erst zu einem bestimmten Zeitpunkt in der Geschichte wahr wird, weil die Gründe für dessen Akzeptanz nicht früher erkannt werden konnten. Die vormodernen Christen hätten zwar einen gewissen Grad an Toleranz aus rein praktischen Gründen akzeptieren können – weil die Unterdrückung der Häresie zu kostspielig war und den sozialen Frieden gestört hätte, aber nicht deshalb, weil sie ein individuelles Recht auf Glaubensfreiheit verletzt hätte.

Der allgemeine Aspekt daran ist, dass sich die bekannten Menschenrechte als Antwort auf eine Frage abzeichneten, die vor einem bestimmten Punkt in der Menschheitsgeschichte nicht hätte gestellt werden können, nämlich: Welche Beschränkungen der Macht des Staates über das Individuum müssen in der Grundverfasstheit des Staates enthalten sein, damit diese Individuen in der Lage sind, die mit Zwangsgewalt ausgestattete Autorität des Staates über sie als moralisch legitim zu betrachten? Es ist eine Frage, die auf die Annahme angewiesen ist, dass dem Staat seine kollektive Autorität von seinen Subjekten gewährt wird, die ihre eigenen Gründe dafür haben, sich gewisse Bereiche ihrer Autonomie selbst vorzubehalten. Sie kann nicht beantwortet werden, indem man eine Reihe vorpolitischer Menschenrechte ausmacht und diese dann als Begrenzungen der Staatsmacht einsetzt. Denn selbst wenn es, was unplausibel ist, ein vorpolitisches, »natürliches« Recht auf freie Meinungsäußerung gäbe, könnte dies nicht von sich aus die Antworten auf gängige Fragen bestimmen, wie sie Ausnahmen für Verleumdung, Betrug, irreführende

Werbeversprechen, Hassreden, Regeln im politischen Wahlkampf usw. darstellen. Dasselbe gilt für die detaillierte Form von Rechten auf Privatheit und für die ausgefeilten Systeme ordentlicher Gerichtsverfahren, die darüber befinden, welchen Beschränkungen die Freiheit des Einzelnen unterliegt. Diese Prinzipien sind Gegenstand der fortwährenden Debatte und Verbesserung, doch das Ganze ist in eine konkrete Situation eingebettet, die spezielle Fragen dazu aufwirft, was von der kollektiven Kontrolle ausgenommen und was nicht ausgenommen werden sollte oder wie die Ausübung der Kontrolle in Grenzen gehalten werden sollte.

Der Vorläufer des komplexen Systems individueller Rechte ist das vage Gefühl, dass alle irgendeine Form von grundlegender Unantastbarkeit für sich beanspruchen können, da diese Unantastbarkeit zu ihrem moralischen Status gehört. Ich glaube allerdings, dass sich die Grenzen, die diese Unantastbarkeit definieren, nicht durch die reine Vernunft bestimmen lassen. Sie hängen von Urteilen in konkreten Situationen ab, die uns mit verschiedenen Optionen konfrontieren. Diese Urteile können nicht zu einem beliebigen Zeitpunkt von jemandem ohne entsprechende Erfahrung gefällt werden. Selbst Gedankenexperimente würden dabei nicht helfen, weil die Gedankenexperimente, bei denen man fähig ist, die Urteilskraft auszuüben, auf der Extrapolation von dem beruhen, was man erlebt hat.

9.

Um auf das zweite Thema zu kommen: Die Zugänglichkeit der modernen moralischen Ideen zur sozialen und wirtschaftlichen Ungleichheit hängt von etwas ab, das über die Vorstellung von Volkssouveränität hinausgeht und das der Anerkennung der modernen Rechte des Einzelnen zugrunde liegt. Sie hängt von einer gehaltvolleren Konzeption des Staates ab – nicht als reiner Rahmen für Ordnung und Sicherheit, der die friedliche Koexistenz und Kooperation der einzelnen Staatsangehörigen ermöglicht, sondern als etwas, das viel mehr Tragweite hat. Es begann mit der Anerkennung einer kollektiven Verantwortung dafür, mit irgendeiner Form von öffentlicher Fürsorge vor äußerster Armut zu schützen. Dies wuchs sich zu einer garantierten Elementarbildung, einer minimalen Gesundheitsversorgung und geregelten Arbeitsbedingungen aus. Der große Schritt war aber – angebahnt durch die Rolle des Staates bei der Festlegung, welche Struktur rechtliche und wirtschaftliche Institutionen haben – die Anerkennung der unausweichlichen Verantwortung des Staates für die Verteilung sozialer und wirtschaftlicher Vorteile, die aus den unzähligen Transaktionen und Aktivitäten entstehen, welche das Leben der Gesellschaft ausmachen. Diese Verantwortung ist positiv (was der Staat tut) und negativ (was er zulässt), und sie ist sowohl kausal als auch moralisch.

Die moralische Haltung des demokratischen Liberalismus, die den modernen Wohlfahrtsstaat befürwortet, wird erst zugänglich, als sich herausstellt, dass sich die Klassenstruktur der Gesellschaft durch rechtliche und institutionelle Maßnahmen ändern lässt, die nicht revolutionär sind und mit der Wahrung der individuellen Freiheit vereinbar sind. Ein wesentlicher Wandel betrifft das Verständnis von Eigentumsrechten. Sie müssen nicht nur als vom Staat geschützt, sondern als von ihm geschaffen und definiert angesehen werden. Dies geschieht durch Gesetze, welche Körperschaften und Finanzen, Besteuerung aller Art und Ausnahmen von der Besteuerung, Lohnvorschriften und die Versorgung (oder unterbleibende Versorgung) durch unterschiedliche Formen sozialer Sicherung wie Ruhestandsgeld, Kindergeld, Arbeitslosen-, Invaliditäts- und Krankenversicherung regeln. Der Begriff der Verteilungsgerechtigkeit und die Streitigkeiten darum, worin sie besteht, können sich hieran festmachen, weil sich die Mitglieder einer Gesellschaft irgendwann selbst, vermittelt über den Staat, als kollektiv verantwortlich betrachten für die enormen Wirkungen, die fiskalpolitische Maßnahmen auf die soziale und wirtschaftliche Schichtung haben. Sie müssen sich fragen, wie diese Macht ausgeübt werden sollte. Die Antworten auf solche Fragen fallen bekanntermaßen kontrovers aus, aber die Fragen können gar nicht gestellt werden, wenn einem diese stark ausgeprägte Vorstellung von staatlicher Verantwortung fehlt, die nur im Licht bestimmter historischer Entwicklungen verfügbar ist. Vorausgesetzt, wir haben diese

Vorstellung, kommen wir nicht umhin zu fragen, ob etwas getan werden sollte, um den Umfang und die Folgen ererbter Klassenungleichheiten zu begrenzen. Sogar eine Politik des extremen Laissez-faire wird zu einer positiven Wahl, die eine moralische Rechtfertigung verlangt.

Das ist lediglich *ein* Beispiel für einen Typus von Fragen, mit dem es die in liberalen Demokratien Lebenden andauernd zu tun haben: Fragen zur angemessenen Arbeitsteilung zwischen dem Staat und der Zivilgesellschaft. Derartige Fragen können nur von einem Standpunkt aus verstanden werden, der die moralische Beurteilung des Systems als ganzen im Licht einer Pluralität von Werten erlaubt; zu diesen Werten gehören individuelle Freiheit, kollektive Verantwortung, persönliche Verantwortung, Fairness, Sicherheit sowie kulturelles, materielles und gemeinschaftliches Gedeihen. Keiner dieser Faktoren lässt sich mit abstrakten Definitionen erfassen – ihr Inhalt wird allein durch das Nachdenken über konkrete Fälle aufgedeckt. Besonders dann, wenn sie im Widerspruch stehen, was sie normalerweise tun, können sie in der Urteilsbildung nur von einer Person realistisch berücksichtigt werden, die selbst geschichtlich eingebunden ist und ein gewisses Verständnis der menschlichen und institutionellen Umstände mitbringt, unter denen die betreffende Frage entsteht. Das ist nicht nur deshalb so, weil man die relevanten nicht-normativen Tatsachen ohne Erfahrung nicht verstehen kann, sondern auch, weil die relevanten Werte selbst ohne die Erfahrung ihres Kontextes und ihrer Anwendungsgeschichte nicht verstanden, gewichtet und verglichen werden können.

10.

Die Moral hatte immer schon etwas über den Sex zu sagen. Doch erst jüngst sind wir mit dem komplizierten Verhältnis zwischen den Normen des persönlichen Sexualverhaltens und den Normen der sozialen Gerechtigkeit konfrontiert worden, das den untergeordneten Status von Frauen im Vergleich zu dem von Männern betrifft, und das sogar in liberalen Gesellschaften ohne rechtlich erzwungene Unterwerfung. In vielen Teilen der Welt sind die jahrhundertealten Benachteiligungen von Frauen und die harte Durchsetzung von ungleichen Verhaltensstandards gegenüber den Frauen zweifellos nach wie vor üblich. Damit sind schon die wichtigsten Probleme benannt, die trotz des unerbittlichen Widerstands der Männer dieser Gesellschaften moralische und soziale Veränderungen verlangen. Ich möchte allerdings etwas diskutieren, was subtiler und neueren Datums ist.

Catharine MacKinnons Argument, dass sexuelle Belästigung eine Form geschlechtlicher Diskriminierung ist, fordert uns auf, sie nicht bloß als einen zwischenmenschlichen Verstoß anzusehen. Das ist sie zweifellos auch, und wenn sie die Stufe des Zwangs erreicht – Sex im Tausch für ein fortgesetztes Arbeitsverhältnis, für berufliche Beförderung oder einen guten Studienabschluss –, ist sie außerdem ein Missbrauch institutioneller Autorität. Wenn sie aber häufig erfolgt – wie es der Fall zu sein scheint –, wird die Anfälligkeit für Belästigung und die Notwendigkeit, sich davor zu schützen und sie abzuwehren oder auf andere Weise damit umzugehen, für viele Frauen zu etwas, was zu ihrer sozialen und institutionellen Umwelt gehört und was sogar in einer Gesellschaft wie der unsrigen mit ihren Idealen rechtlicher Gleichstellung einen Teil des größeren Problems des zweitrangigen Status von Frauen ausmacht. Das Delikt der sexuellen Belästigung ist nicht lediglich eine zwischenmenschliche Grenzüberschreitung, sondern eine Form sozialer Ungerechtigkeit.

Zu beachten ist allerdings, dass dies nur für die sexuelle Belästigung von Frauen durch Männer gilt. Erfolgt eine Belästigung von Männern durch Männer oder von Frauen durch Frauen oder von Männern durch Frauen – mit Sicherheit kommt all das vor –, sind diese Fälle tatsächlich nur Überschreitungen im zwischenmenschlichen Verhältnis oder Machtmissbrauch. Sie mögen sehr anstößig sein, aber sie verstärken nicht irgendwelche statusbedingten Benachteiligungen für das Geschlecht, dem ihr Opfer angehört, und hängen nicht von solchen Status-Nachteilen ab; sie sind nicht Teil eines weit verbreiteten Problems sozialer Ungerechtigkeit. Ich glaube, dass die institutionellen Reaktionen auf die Fälle von Kevin Spacey und James Levine aus diesem Grund völlig unverhältnismäßig waren – sie waren von einer Stimmung motiviert, die mit sozialer Gerechtigkeit nichts zu tun hat, sondern bei sexuellen Verfehlungen auf Strafe aus ist.

Wir werden nun versuchen, uns auf diesem komplizierten Gebiet zurechtzufinden. Die Tatsache, dass sexuelle Belästigung nicht bloß ein zwischenmenschlicher Regelverstoß ist, bedeutet nicht, dass sie überhaupt keine persönliche Angelegenheit ist. Und wenn wir ihre Grenzen bestimmen wollen, stoßen wir auf die legitimen, doch umstrittenen Ansprüche von einem der persönlichsten und wichtigsten Aspekte des menschlichen Lebens, der sich zudem der rationalen Kontrolle besonders hartnäckig widersetzt. Es gibt andere Fälle wie das Verbot der Rassendiskriminierung im Wohnsektor, bei denen der alte konservative Einwand, dass dies eine Sache der persönlichen Moral und kein geeigneter Gegenstand für die Gesetzgebung sei, mittlerweile wie ein Scherz erscheint: Das Persönliche wurde zu Recht vom Politischen geschluckt. Aber Sex kann nicht und sollte nicht vollkommen gezähmt werden. Derzeit greift eine Strömung ungewöhnlich repressiver Anschauung um sich, die bestrebt ist, die Grenzen viel zu streng zu ziehen. Die sexuelle Anziehung und deren Äußerung müssen ihr Objekt nicht beeinträchtigen, selbst wenn sie unerwünscht sind – vorausgesetzt, der arme Trottel zieht sich zurück, nachdem er abgewiesen wurde. Ich würde aber noch weiter gehen und die geringeren Vergehen echter sexueller Flegeleien der individuellen Regelung überlassen, durch zwischenmenschliches Auflaufenlassen, Bloßstellung und Verwarnung.[17]

Ich denke, wir sollten uns ein Prinzip der Subsidiarität zu eigen machen, anstatt die Unterscheidung zwischen dem Öffentlichen und dem Privaten vollkommen abzuschaffen. Unkorrektes Verhalten im Privatleben sollte ein berufliches oder künstlerisches Ansehen nicht zerstören. Bis zu einem gewissen Punkt sollte es sogar möglich sein, anstößiges Verhalten im beruflichen und institutionellen Umfeld zwischenmenschlich und mit wirkungsvollen Normen des Anstands zu handhaben, anstatt gleich institutionell vorzugehen – es sei denn, eine Ablehnung oder eine Zurechtweisung zieht institutionelle Konsequenzen oder Strafen für das Objekt des Annäherungsversuchs nach sich. Mir ist klar, dass diese Linie schwer zu ziehen ist, zumal das angeschlagene sexuelle Ego eines Mannes leicht zur Vergeltung neigt. Eine Bestrafungsrichtlinie für jede unsensible oder unbeholfene Bekundung eines sexuellen Interesses wirkt jedoch einfach lähmend und wird wahrscheinlich viele Interaktionen verhindern, die gar nicht anstößig oder sogar willkommen sind. Man sollte zugeben, dass Sex Männer von Natur aus dazu verleitet, sich manchmal idiotisch zu verhalten, und dies an sich noch keinen Ver-

17 Wir sollten auch versuchen, die Tendenz umzukehren, bei der die Schwelle zum Delikt immer niedriger gelegt wird, so dass sie große Gebiete reiner Gefühllosigkeit oder Unbedarftheit erfasst, wie die Vorfälle, die zur unrechtmäßigen Verfolgung von Al Franken oder Andrew Cuomo geführt haben.

stoß gegen den Status von Frauen darstellen muss. Sex ist allgegenwärtig und gehört zu den besten Dingen im Leben des Menschen; ohne eine gewisse Toleranz für die damit einhergehenden Peinlichkeiten hat er keine Chance.

Das sind keineswegs leichte Fragen. Mein wesentliches Argument ist, dass sie nur im Kontext der geschichtlich besonderen Werte verstanden werden können und dass den Meinungsverschiedenheiten um die richtigen Antworten auch nur im Kontext der Umstände, die sie ans Licht gebracht haben, nachgegangen werden kann. Dabei handelt es sich insbesondere um die radikale Befreiung, was die Normen des Sexualverhaltens angeht, die auf die Verfügbarkeit wirksamer Kontrazeption folgte, und um die Erkenntnis, dass der ungleiche Status von Frauen nicht allein eine Angelegenheit rechtlicher Einschränkungen und Diskriminierung ist, sondern auch damit zu tun hat, wie sie informell betrachtet und behandelt werden. Der Konflikt zwischen Freiheit und Kontrolle ist in diesem Fall sehr krass, könnte jedoch von jemandem, der diese zwei Vorstellungen nicht verinnerlicht hat, gar nicht verstanden werden.

Dies ist nur der letzte Schritt in einem langen Prozess, der mit der Bereitschaft begann, den Unterschied zwischen den Rollen, die Männer und Frauen in der Fortpflanzung innehaben, hinsichtlich seiner Folgen für den sozialen Status der Frauen zu hinterfragen. Anstatt diese Folgen als naturgegeben zu betrachten, sah man sie allmählich als etwas an, das der moralischen Rechtfertigung bedarf, an welcher es oftmals mangelte – obwohl eine wirklich egalitäre Vorstellung erst in der modernen Welt, seit dem 19. Jahrhundert, verfügbar war. Wie in anderen Fällen des moralischen Fortschritts verlangte diese Vorstellung, dass etwas, das zur natürlichen Ordnung zu gehören schien und als selbstverständlich aufgefasst wurde, im Bereich der menschlichen Wahl liegen sollte. Es ist zwar richtig, dass sich Platon eine Gesellschaft vorstellte, deren herrschende Klasse sich völliger sexueller Gleichheit erfreuen sollte, aber das war eine utopische Vorstellung, bei der nicht einmal er selbst sich hätte ausmalen können, sie auf die gesamte Gesellschaft auszudehnen. Und die Fragen, denen wir uns nun gegenübersehen, sind noch immer die einer Gesellschaft, in der die Geschlechter systematisch ungleich sind. Das ist der Grund dafür, weshalb persönliche Interaktionen sexueller Natur stets Fragen der sozialen Gerechtigkeit aufwerfen.

II.

Die Frage, was Gerechtigkeit in den Beziehungen zwischen souveränen Staaten ausmacht, ist sehr alt, hat jedoch infolge von drei Entwicklungen in jüngster Zeit eine neue Form angenommen. Eine Entwicklung ist die Verbreitung von liberal-egalitären Vorstellungen für innerstaatliche soziale Gerechtigkeit. Eine weitere ist die wirtschaftliche und informationelle Globalisierung –

ein großer Sprung im Grad der Vernetzung. Die dritte Entwicklung ist der Migrationsdruck aus armen Regionen der Welt in reichere und der Widerstand, den das hervorgerufen hat.

Ein Beispiel für moralischen Fortschritt ist dies nur in dem Sinne, dass neue moralische Probleme erkannt worden sind: Für eine Annäherung an richtige Antworten gibt es keinerlei Anzeichen. Ebenso wie in den anderen Fällen, die ich erörtert habe, entstehen die Probleme nur vor einem Hintergrund vorausgegangener historischer Entwicklungen und können unabhängig von ihnen nicht verstanden werden. Eine Frage lautet, ob die Gründe für gegenwärtige Vorstellungen von sozioökonomischer Gerechtigkeit innerhalb eines Staates (die natürlich eine erhebliche Bandbreite konkurrierender Ansichten umfassen) so beschaffen sind, dass sie etwas implizieren, das ihnen auf internationaler Ebene entspricht. Selbst wenn die innerstaatliche Gerechtigkeit eine Verpflichtung kraft sozialer Assoziation ist, die auf unserer besonderen Beziehung zu unseren Mitbürgern beruht, werden die Beziehungen zu Bevölkerungen im Ausland institutionell und wirtschaftlich ständig dichter, und dies könnte neue Formen assoziativer Verpflichtung erzeugen.

Doch die Globalisierung der Gerechtigkeit kollidiert mit der robusten Überzeugung, dass jede Nation das Recht hat, den Interessen der eigenen Bürger Vorrang einzuräumen. Zugleich wird allgemein anerkannt, dass dieses Recht nicht unbeschränkt ist: Eroberungskriege werden mittlerweile fast überall als nicht akzeptabel erachtet (trotz der aktuellen Missachtung dieser Norm durch Russland in der Ukraine), und viele Nationen anerkennen eine Verpflichtung, politischen Flüchtlingen Asyl zu gewähren. Es ist aber eine offene Frage, wie die Ansprüche im nationalen Interesse auf den wachsenden Druck globaler Notlagen reagieren sollten. Und wie sieht es mit den Bedingungen der Mitgliedschaft selbst aus? Die legale und illegale Einwanderung nach Europa und Nordamerika erzeugt akute und schon bekannte Probleme: ob dem Interesse von Wirtschaftsflüchtlingen, den hoffnungslosen Lebensbedingungen in schlecht regierten Staaten zu entkommen, in der politischen Programmatik reicher Staaten irgendein Gewicht beigemessen werden sollte; ob die Gefahr, dass eine große und nicht assimilierbare Einwanderergruppe eine als wertvoll angesehene soziale und politische Kultur zersetzen wird, ein Grund für den selektiven Ausschluss ist?

Im Laufe des 20. Jahrhunderts hat sich unsere Zivilisation einer Vorstellung von sozialer Gerechtigkeit angenähert, die eine kollektive Verantwortung für die Mitglieder einer Gesellschaft untereinander anerkennt. Es ist die Verantwortung, sicherzustellen, dass der Staat, der als ein Gemeinschaftsunternehmen aufgefasst wird, seine Befugnisse dafür einsetzt, eine Struktur für die soziale und wirtschaftliche Betätigung seiner Bürger zu schaffen – ein unpersönliches System des Eigentums, des Steuerwesens und der Versorgung mit öffentlichen

Gütern –, die eine Form von sozialer Gerechtigkeit für alle ausdrückt, selbst wenn bedeutende Ungleichheiten bestehen bleiben. Also mehr oder minder den Wohlfahrtsstaat. Weil aber die Verpflichtung als assoziativ gedacht wird, hängt sie von unserer gemeinsamen Mitgliedschaft in derselben Gesellschaft ab. Wir haben diese kollektive Verantwortung nicht im Hinblick auf Ausländer; und wir haben keine Verpflichtung, Außenstehende allein deshalb aufzunehmen, weil sie gerne durch ihre Zugehörigkeit von unserer kollektiven Verpflichtung profitieren würden. Die Inklusivität dieser Vorstellung von sozialer Gerechtigkeit ist auch exklusiv.

Heute ist diese Vorstellung von Gerechtigkeit durch die Zunahme globaler Vernetzung und die Mobilität von Bevölkerungen einem enormen Druck ausgesetzt. Durch die Ungleichheit im internationalen Vergleich stellt sich offenbar die Frage der grundsätzlichen Gerechtigkeit, auf die wir keine überzeugende Antwort haben. Es ist die folgende Frage: Können wir Prinzipien für die internationale oder globale Steuerung finden, die moralisch und institutionell mit unserer Vorstellung von innerstaatlicher oder gesellschaftsinterner Gerechtigkeit vereinbar sind? Diese Frage zu beantworten ist ebenso wie die frühere Aufgabe, die Rechte auf Privateigentum mit den Werten sozialer Gerechtigkeit in Einklang zu bringen, sowohl eine philosophische als auch eine institutionelle Aufgabe. Die Antwort muss allerdings erst noch gefunden werden, und ich glaube, sie wird die Form eines moralischen Fortschritts erfordern, der nicht bloß die Anerkennung dessen ist, was die ganze Zeit schon wahr war, sondern der eine Erweiterung der Moral darstellt.

Die von mir diskutierten Beispiele nehmen alle die Form von Fragen für Menschen an, die sich in einer besonderen historischen Situation befinden. Diejenigen, die versuchen, sie zu beantworten, müssen sich auf moralische Normen verlassen, die im Laufe der Zeit anerkannt wurden, die aber möglicherweise geändert oder ergänzt werden müssen, um neuen Umständen Rechnung zu tragen. In manchen Fällen hätten solche Antworten vielleicht schon längst vorab gefunden werden können, indem man mit Hilfe der Vorstellungskraft Gedankenexperimente zu künftigen Möglichkeiten anstellt. Ich glaube aber, dies wird nicht oft der Fall sein, und besonders dann nicht, wenn die imaginierte Zukunft normative Entwicklungen enthält, die wesentlich dafür sind, die Frage zu stellen. Jemand der im 16. Jahrhundert lebte, konnte durch reine Imagination keinen Zugang zu der liberaldemokratischen Vorstellung von sozialer Gerechtigkeit gehabt haben, die das gegenwärtige Dilemma einander widersprechender globaler und nationaler Verpflichtungen erzeugt. Die Frage, was getan werden sollte, geht anfangs immer von den Normen aus, die man gegenwärtig akzeptiert, selbst wenn man im Zuge des Versuchs, sie zu beantworten, zu dem Schluss kommt, dass sie wohl geändert werden müssen.

12.

Der allmähliche Fortschritt, der zu modernen Moralvorstellungen führte, war pfadabhängig – er beruhte auf der Entwicklung neuer Institutionen oder neuer Formen des Denkens und normalerweise auf einer Verbindung beider Entwicklungen. Ich habe argumentiert, diese Fortschritte lieferten oft Beispiele dafür, wie die Zugänglichkeit bestimmter moralischer Gründe von etwas abhängen kann, das mehr ist als das allgemeine Vermögen der praktischen Vernunft – und zwar von etwas, das nur als Folge von kontingenten geschichtlichen Entwicklungen verfügbar ist. Bislang habe ich über dieses Phänomen lediglich im Hinblick auf das Verhältnis zwischen Gegenwart und Vergangenheit gesprochen. Aber es hat offenkundig auch Implikationen für das Verhältnis zwischen Gegenwart und Zukunft. Wir können durchaus eine Fortsetzung des Prozesses erwarten – es wird weiterhin moralischen Fortschritt geben, der teilweise in der Entstehung neuer moralischer Wahrheiten besteht, die uns in unserer derzeitigen Verfasstheit unzugänglich sind. Diese werden von begrifflichen und normativen und institutionellen Entwicklungen abhängen, die zum Zweck der moralischen Reflexion nur von den Menschen wirklich begriffen werden können, die sie auch tatsächlich durchleben. Sie sind uns heute selbst mit Hilfe einer abenteuerlichen, science-fictionhaften Projektion nicht durch die reine Vernunft zugänglich.

Ich möchte uns aber nicht vollkommen vom Haken

lassen. Es wird sicherlich auch moralischen Fortschritt geben, der in der Entdeckung von Wahrheiten besteht, bei denen uns unsere Sturheit, Unaufrichtigkeit oder Selbsttäuschung daran hindert, sie jetzt anzuerkennen, die uns aber dennoch zugänglich sind und die deshalb bereits für uns zutreffen. Beide Arten von Fortschritt sind erwartbar und wir sollten unsere gegenwärtigen moralischen Überzeugungen angesichts der Kontingenz unseres Platzes in der Geschichte mit einer gewissen Demut betrachten. (Dieselbe Haltung sollten wir zu unserem naturwissenschaftlichen Verständnis in seinem gegenwärtigen Stadium einnehmen, obwohl es den Menschen auf beiden Gebieten bemerkenswert schwerfällt, nicht zu glauben, sie würden sich der Ziellinie nähern.)

Ich denke, dass künftige Entwicklungen weiterhin von dem Versuch beherrscht sein werden, einen Kompromiss zwischen Gründen zu finden, die aus drei vertrauten Perspektiven hervorgehen: der persönlichen, der assoziativen oder sozialen und der unpersönlichen. Der Fortschritt wird Veränderungen nötig machen; er wird uns den Wandel bestehender Institutionen, die Schaffung neuer Institutionen und darauf abgestimmte Veränderungen bei den Normen für Institutionen und für Individuen abverlangen. Wie ich im vorangegangenen Abschnitt erwähnte, gibt es zum Beispiel ganz klar den Bedarf für eine umfassendere Steuerung auf Weltebene, aber wir haben dafür, wie die Bedingungen der Legitimation für eine starke internationale Steuerungsinstanz beschaffen sein sollen, keine Vorstellung, die nicht utopisch wäre. In Anbetracht der schlichten Tatsachen über unsere Welt lässt sich die global geforderte Legitimität nicht entsprechend den Bedingungen für demokratische Legitimität beim Nationalstaat konzipieren. Es gibt eine Obergrenze für die Ungleichartigkeit von Interessen, Werten, Sprachen und Kulturen, die in ein legitimes demokratisches Gemeinwesen eingebunden sein können. Durch kontingente geschichtliche Entwicklungen könnte jedoch irgendwann eine neue Struktur entstehen, die von Normen beherrscht sein wird, die ohne diese Struktur nicht hätten erkannt werden können, die aber den Menschen zugänglich werden, die in einer von dieser Struktur geprägten Welt leben.

Ein anderes Gebiet, auf dem die Zukunft große Veränderungen bringen könnte, sind die Normen und Institutionen, die sexuelle Beziehungen, Sexualverhalten, Fortpflanzung und familiale Pflichten regeln. Gegenwärtig gibt es bei diesen Dingen riesige Unterschiede zwischen den Kulturen, und innerhalb der westlichen Gesellschaften ist die Situation sehr im Fluss, verwirrend und konfliktträchtig. Ob eine stabile Einigung, die individuelle Autonomie, Statusgleichheit und kollektives Wohl respektiert, aus den verworrenen Gegenwartstendenzen auf sexuellem Gebiet hervorgehen kann, ist alles andere als klar, doch irgendeine Entwicklung wird zweifellos gebraucht.

Man projiziert somit eine Form des moralischen Fortschritts in die Zukunft, die dem ähnlich ist, was in der Vergangenheit geschah. Vielleicht bin ich zu konservativ und die Menschheit wird sich viel radikaler entwickeln. Es gibt fraglos nicht wenige, die der Ansicht sind, sie sollte das. Einerseits gibt es Nietzsches Aufruf, uns selbst von der lebensfeindlichen Tyrannei des unpersönlichen Standpunkts zu befreien. Andererseits haben wir das utilitaristische Projekt, die Hegemonie des unpersönlichen Standpunkts herzustellen, indem wir allen deontologischen Standards, wie beispielsweise den individuellen Rechten oder assoziativen Verpflichtungen, abverlangen, entweder eine konsequentialistische Prüfung zu bestehen oder revidiert oder aufgegeben zu werden. Ich kann nur von dort sprechen, wo ich stehe, aber für mich sieht es so aus, als würde keine dieser Revolutionen, wenn sie wirklich erfolgt, ein moralischer Fortschritt sein, sondern ein Verlust der moralischen Erkenntnis. Was andere moralische Revolutionen angeht, die für uns unvorstellbar sind, kann ich nur sagen – ich vermute, sie werden durchaus stattfinden.

Namenregister